資質・能力を育てる カリキュラム・マネジメント

読解力を基盤とする教科の学習とパフォーマンス評価の実践

田中耕治・岸田蘭子　監修

京都市立高倉小学校研究同人・京都大学大学院教育学研究科教育方法研究室　著

日本標準

はじめに

　周知のように，改訂された新学習指導要領においては，資質・能力の育成が強調されている。私たちは，かねてより，すべての子どもたちに質の高い学力の形成をめざして，パフォーマンス評価を生かした授業研究に取り組んできた。さらには，「チーム高倉」の一員としても活動してきた。その長年にわたる高倉小学校との共同研究の蓄積を本書で紹介できることは，望外の喜びである。

　手元にある古い手帳で確かめてみた。2003（平成15）年4月9日に，当時高倉小学校の校長であった川勝公二先生が，私の研究室を訪問してくださっている。まさしく，この日から今日に続く高倉小学校と京都大学大学院教育学研究科教育方法研究室とのあしかけ15年に及ぶ共同研究がスタートすることになった。おそらく，そのときには，川勝先生のほうから私に，「教職員の授業力アップのために」講演をしてほしいという依頼であったと思う。

　当時の私はといえば，講座の教授に昇任したばかりであり，たくさんに増えた院生たちに，いかなる教育方法学研究者として成長してほしいかを模索していた。教育方法学という学問は，「教師への応援歌でなければならない」と常々考えており，院生たちにはぜひ実践的研究者に育ってほしいと願っていた。そのためには，そのような成長途上の院生を受け入れていただける教育現場が何より必要であった。残念ながら，京都大学教育学部は，附属学校をもつことなく戦後に発足した。そこで，川勝先生に，おそるおそる「院生も小学校に行かせていただいてよろしいですか」とお願いしてみたところ，ご快諾をいただいた。川勝先生の度量の広さと確かな見識に，今さらながら頭が下がる思いである。

　しかしながら，実践的研究者になることをめざして，勇ましく高倉小学校に参加することになった院生たちに，予期せぬ困難が待ち構えていた。それは，一言でいえば「教育現場は『理論や理屈』どおりには動かない」という感想であった。そのような感想を聞くにつけ，指導教員としては，実践的研究者になるための試練であると思いつつ，高倉小学校には多大なご迷惑をおかけしているのではないかと日々心配を重ねていた。

　しかし，そのような心配をよそに，院生たちの成長は，著しいものがあった。「研究と実践」を架橋するために，「教師が育つ，子どもが育つ，院生が育つ」というスローガンを編み出し，教育現場にふさわしい相互互恵的な関係を見事に表現した。もちろん，そこには高倉小学校の教職員の皆さまの院生の成長を辛抱強く見守る寛容さと自らも研究的実践者にならんとする意欲があったればこそ，このようなスローガンに結実したということは言うまでもない。

　さらには，院生たちは授業研究に参画させていただくにとどまらず，2003年度よりスタートした「スマイル高倉」において，地域に根ざす高倉小学校の活動の一環を担うことになる。

　たとえば，評価部会では，学校評価研究の知見をふまえて，学校評価の設問項目の見直しを行っ

ている。また，学び部会では，パフォーマンス評価の考えをもとに，ルーブリックを用いて実践の質を高めるための方策について，教職員の皆さまと一緒に検討している。まさしく自らも「チーム高倉」を支える重要な役割を日々実感しつつある。

　本書は，前書にあたる高倉小学校研究同人編著『「確かな学力」と「豊かな心」を育てる学校—学校・家庭・地域・大学の連携—』（三学出版，2005年）と比較してみると，それ以降の高倉小学校の飛躍的な発展の足跡を刻んでいる。

　あらためて，この場を借りて，このようなすばらしい発展に微力ながらも参画させていただく機会を与えていただいた，京都市教育委員会ならびに高倉小学校の岸田蘭子現校長先生をはじめとする歴代の校長先生，ならびに高倉小学校に在籍されている（された）教職員スタッフの皆さまに心からの御礼を申しあげたい。

2017年11月吉日
佛教大学教育学部教授・京都大学名誉教授

田 中 耕 治

第1章

なぜ
カリキュラム・マネジメントが
必要なのか

1 新学習指導要領の基本的な方向性とカリキュラム・マネジメントの必要性

西岡加名恵・石井英真

❶ 新学習指導要領のキーワード

新学習指導要領では，各教科の知識・技能のみならず，問題解決，論理的思考，コミュニケーション，メタ認知など，非認知的能力も含んで，教科横断的な汎用的スキルも明確化するなど，カリキュラム全体で「資質・能力」を意識的に育成していくことが提起されている。カリキュラム開発と評価において，内容ベースからコンピテンシー・ベースにシフトする動きが本格的に進もうとしているのである。それに伴い，「何を学ぶか」だけでなく「どのように学ぶか」も重視されるようになり，「主体的・対話的で深い学び」としての「アクティブ・ラーニング（active learning:AL）」の視点からの授業改善が提起された。

AL（主体的・対話的で深い学び）が生み出す学びの価値，そこで育つことが期待されている資質・能力は，ペーパーテストのみで評価することが困難であり，多様な評価方法の工夫が求められることとなる。とくに，深く豊かに思考する活動を生み出しつつ，その思考のプロセスや成果を表現する機会を盛り込み，思考の表現を質的エビデンスとして評価していくものとして，「パフォーマンス評価（performance assessment）」に注目が集まっている。このように，新学習指導要領は，「資質・能力」の育成に向けて，目標，指導，評価の一体改革を進めようとするものである。

コンピテンシー・ベースのカリキュラム改革については，学校教育ができることを超えて無限責任を負わせることになりかねないし，汎用的スキルの強調は，教科の内容の学び深めにとって外在的なスキル訓練と授業の形式化をもたらしかねない[1]。そして，ALについては，何のためのALなのかを問うことなく，活動主義に陥ったり，「どうやったらALを実践したことになるのか」と，特定の型（手順）を求める技術主義に陥ったりすることが危惧される。

こうした問題点を是正するうえで，ALとカリキュラム・マネジメントとが車の両輪とされている点を意識することが有効であろう。カリキュラム・マネジメントとは，「各学校が学校の教育目標をよりよく達成するために，組織としてカリキュラムを創り，動かし，変えていく，継続的かつ発展的な，課題解決の営み」[2]とされる。カリキュラム・マネジメントについては，行政による条件整備を伴わず現場の自助努力と創意工夫のみを求める改革にならないよう注意が必要である。その一方で，それを適切に生かすことで，目標・指導・評価の一貫性を問い，目標実現に向けて，学校や教師集団がチームとして，協働的・組織的に実践とその改善に取り組むことを促しうるし，各学校や教師たちが目の前の子どもたちの学びに応じたカリキュラム開発の主人公となることを促しうる。

❷ 「資質・能力」重視と「社会に開かれた教育課程」

　一般に「コンピテンシー」とは，職業上の実力や人生における成功を予測する，社会的スキルや動機や人格特性も含めた包括的な能力をさす。コンピテンシー・ベースのカリキュラムをめざすということは，社会が求める「実力」との関係で，学校の役割と，学校で育てる「学力」の中身を問い直すことを意味する。労働や社会生活の知性化や流動化が進む中で，「コンピテンシー」概念は，特定の職業に固有のものというより，汎用的なもの（他者との対話・協働や主体性といった，非認知的能力も含め，知識を使いこなしたり創造したりする力）を中心に捉えられる傾向にある。新学習指導要領の総則で教科横断的な視野に立った教育課程編成の必要性が提起されているように，各教科の授業で，また学校教育全体で，そうした包括的で汎用的な「資質・能力」をどう意識的に育てていくのかが問われているのである。

　では，従来の学校教育は，現代社会をよりよく生きるための力を育ててきたかといえば，必ずしもそうとはいえない。たとえば，ドリブルやシュートの練習（ドリル）がうまいからといってバスケットの試合（ゲーム）で上手にプレーできるとは限らない。だが，従来の学校教育では，子どもたちはドリル（知識・技能の訓練）ばかりして，ゲーム（学校外や将来の生活で遭遇する本物の，あるいは本物のエッセンスを保持した活動：「真正の学習（authentic learning）」）を経験せずに学校を去ることになっている例はないだろうか。

　新学習指導要領が提起する「社会に開かれた教育課程」という方向性については，「真正の学習」をめざして学校のカリキュラム全体や各教科の内容や学びのあり方を問い直していくものと捉えることが有効だろう。中央教育審議会の教育課程部会が2016年12月に出した「幼稚園，小学校，中学校，高等学校及び特別支援

学校の学習指導要領等の改善及び必要な方策について」（答申）（以下，「答申」）は，育成すべき資質・能力を３つの柱（「何を理解しているか，何ができるか〈知識・技能〉」「理解していること・できることをどう使うか〈思考力・判断力・表現力等〉」「どのように社会・世界と関わり，よりよい人生を送るか〈学びに向かう力，人間性等〉」）で整理することを提起している。これら３つの柱は，学校教育法が定める学力の３要素（「知識・技能」「思考力・判断力・表現力等」「主体的に学習に取り組む態度」）それぞれについて，「社会に開かれた教育課程」につながるものへとバージョンアップを図るものとして捉えられる。

　各教科における「真正の学習」をめざすことで，「できた」「解けた」喜びだけでなく，内容への知的興味，さらには自分たちのよりよき生とのつながりを実感するような主体性が，また，知識を構造化するレベルの思考にとどまらず，他者とともにもてる知識・技能を総合して協働的な問題解決を遂行していけるようなレベルの思考が育っていく。その中で，内容知識も表面的で断片的な形ではなく，体系化され，さらにはその人の見方・考え方として内面化されていく。

　その際，「真正の学習」の追求は，現代社会の要求に応えるのみならず，まさに目の前の子どもたちの生活（よりよく生きること）に根ざした有意味な学びへの要求に応えるものと捉えることが肝要である。学ぶ意義も感じられず，教科の本質的な楽しさにもふれられないまま，多くの子どもたちが，教科やその背後にある世界や文化への興味を失い，学校学習に背を向けていっている（勉強からの逃走）。「真正の学習」の追求は，子どもたちが学ぶ意義や生きることとの関連性（レリバンス）を感じられるよう，教科指導のあり方を問い直すことにつながる。

❸ カリキュラム・マネジメントとパフォーマンス評価をつなぐ

「社会に開かれた教育課程」の実現に向けてカリキュラム改善を行ううえで，有効な方策のひとつがパフォーマンス課題づくりに取り組むことである。パフォーマンス課題とは，知識やスキルを総合して使いこなすことを求めるような総合的な課題を意味している。

高倉小学校においては，とくに算数科において，「逆向き設計」論[3]にもとづくパフォーマンス課題づくりの取り組みが進められている。「逆向き設計」論にもとづくと，パフォーマンス課題に対応する「本質的な問い」を明確にする過程で，教科の中で何を重点的に指導すべきかが問い直される。また，パフォーマンス課題のシナリオを考える中で，教科の内容をどのような状況において活用することが求められているのかを明瞭にすることができる（第3章「理論解説」参照）。

さらに，「本質的な問い」は，教科を貫くようなものから各単元のものまで入れ子状に存在していると考えられる。たとえば算数科であれば，「どのようにグラフを描けばよいのか？」という包括的な「本質的な問い」が学年を越えて繰り返し扱われる。包括的な「本質的な問い」に対応するような深い理解をもたらすために，各単元の目標も練り直され，より的確なものとして設定されることとなる。

カリキュラム改善を進めるにあたって，もうひとつ効果的なのが，ルーブリックづくりである。ルーブリックとは，成功の度合いを示す数レベル程度の尺度と，それぞれのレベルに対応するパフォーマンスの特徴を記した記述語から構成される評価基準表である。ルーブリックは，通常，子どもたちの作品を集めた後，レベル別に分類し，そこから特徴を読み取って作成される。複数の教師たちで行うルーブリックづくりは，評価基準を共通理解するうえでも有効である[4]。

ルーブリックづくりは，評価基準を明確にする作業となるだけでなく，子どもたちの実態を捉えるうえで大きな意義をもつ。たとえば，グラフの単元であれば，「縦軸・横軸の目盛りを的確に書き込めない」「棒グラフと折れ線グラフの使い分けが適切にできない」といったつまずきも明らかになる。このようなつまずきは，グラフを扱う複数の単元に関わるものであり，学年を越えて繰り返し指導される中で，克服していくことができるものといえよう。ルーブリックづくりは，評価をカリキュラム改善につなげるための具体的な道筋を指し示すものとなる。

❹ 「資質・能力」の教科横断的な指導と評価

汎用的スキルを含む「資質・能力」を実質的に育成していくには，パフォーマンス課題のように，「資質・能力」の要素としてあげられているスキルがおのずと盛り込まれるような，問いと答えの間の長い学習活動を，そしてそうした学びが生じる必然性を生み出すことが第1にめざされねばならない。考える力やコミュニケーション能力は，そうした一般的な能力があると仮定し，その形式を訓練することによっては育たない。思考しコミュニケーションする必然性のある文脈において，協働的で深い学習に取り組む中でこそ，認知的・社会的スキルは，知識や態度とも一体のものとして育まれるのである。

パフォーマンス課題をデザインするうえでは，既存の教科の枠やイメージを越えて，各教

科における総合性を追求することも有効である。社会科の調べ学習で得られたデータを整理する必要性が出てきたら，それを算数の時間で引き取って，資料の活用の学習として生かす。理科の課題研究での論文作成を，国語や英語での論理的な文章の書き方の指導と連携して進める。あるいは，地球温暖化とエネルギー問題といったトピックをめぐって，数学的に深めた内容を理科や社会科の視点からも検討する，といった具合である。また，1時間や1単元といった短いスパンではなく，1年間，あるいは学年

をも越えたスパンで，教科・領域を貫いて大切にされている見方・考え方を明確にしたり，各単元の位置づけを考えたりすることも，学びのダイナミックさや総合性につながりうる。

「資質・能力」を実質的に育んでいくうえでは，教室からのカリキュラム開発の主体として，授業，単元，教科，学年といった枠を越えて，教科横断的かつ長期的に学びをイメージしつないでいく鳥瞰的視野（カリキュラム構想力）をもつことが有効だろう（第4章参照）。

❺ 校内研修の実施

　先述のように，各学校がカリキュラム改善を進めていくためには，カリキュラム・マネジメントが不可欠である。しかし，日本では，ながらく学習指導要領の法的拘束力が強調されてきたこともあり，各学校でどのようにカリキュラム・マネジメントを進めればいいのかについての知見が十分に共有されているとは言い難い。

　カリキュラム・マネジメントには，学校の実態と教師たちの願いをふまえて教育目標を設定し，カリキュラムを計画・実施・評価・改善するという教育活動の側面と，それを支える組織構造と学校文化，家庭・地域との連携などを運営するという経営活動の側面がある[5]。上述のとおり，カリキュラム・マネジメントの教育活動の側面については，パフォーマンス評価の活用が有効だと考えられる。ここではもう一方の，カリキュラム・マネジメントの経営活動の側面に注目してみよう。パフォーマンス評価などを取り入れてカリキュラム改善を進めるにあたってとくに重要となるのは，組織づくりと校内研修である。

　具体的には，学校のカリキュラム改善の方針を受けつつ，実践の中で具体的な改善に取り組

む単位として，学年や教科といった単位で部会を設置することが有効であろう。学校の方針は学年会や教科会で検証され，必要に応じて修正されることともなる。

　また，校内研修としては，パフォーマンス課題を作る，ルーブリックを作り，指導の改善点について検討する，研究授業を行う，といった研修を行うことが有意義である。校内研修は，まさしく教師たちが，実践を改善するというパフォーマンス課題に取り組む場ともいえよう。

[引用・参考文献]
1）石井英真『今求められる学力と学びとは――コンピテンシー・ベースのカリキュラムの光と影』日本標準，2015年。
2）田村知子「カリキュラムマネジメントのエッセンス」田村知子編『実践・カリキュラムマネジメント』ぎょうせい，2011年，p.2。
3）G. ウィギンズ & J. マクタイ（西岡加名恵訳）『理解をもたらすカリキュラム設計――「逆向き設計」の理論と方法』日本標準，2012年。西岡加名恵『教科と総合学習のカリキュラム設計――パフォーマンス評価をどう活かすか』（図書文化，2016年）も参照。
4）同上書，参照。
5）田村知子『カリキュラムマネジメント――学力向上へのアクションプラン』日本標準，2014年。

2 高倉小学校の取り組み

岸田蘭子

① 私たちの「高倉小学校」の背景

　私たちの「高倉小学校」は日本の初等教育の草分け的存在であった京都の番組小学校を系譜にもつ学校である。明治の初期に京都の町衆が「町づくりは人づくり」からという心意気で地域の人々の思いを竈金（かまどきん）という形で集め，地域の人材育成のための教育の場として全国の先陣をきって学校を拓くことになったのである。そして，明治4年に学制が発布され，法にもとづいて全国に小学校が設立されていったのである。まさに，小学校制度のモデルとして番組小学校は，大きな役目を果たした。地域の拠点としての小学校は，今のコミュニティスクールの原型と言われている。

　わが「高倉小学校」は，23年前に元日彰小学校の跡地に5つの小学校が統合してできた学校である。それぞれが番組小学校を系譜としてもつ学校（日彰・生吉祥・本能・明倫・立誠）が時代とともに児童数が激減し，地域の方々の英断により統合されたのである。この5つの学校に加えて，中学校になっていた初音・城巽学区の2学区を含む，7学区（7つのコミュニティ）を抱える学校として1995年4月に開校した。

　このような経緯で京都の中心部にできた学校である。開校にあたっては，当然，地域の人々にとって愛着のある小学校が統合されたのであるから，いっそうの熱い思いをもって素晴らしい学校にしてほしいという期待感は大きかった。そして，人々の学校への参画意識もほかには類を見ないほど高い。わが子が学校に通っているいないにかかわらず，地域に住んでいる限りは学校は地域の拠点であり続けているのである。

　教職員が入れ替わっても，学校の理念は大きく変わらず，学校関係者は心強い応援団に支えてもらって学校運営ができるということは最大の強味である。これは，いつも学校に関心を寄せ，どんな校長の時代でも学校の教育理念のもと，協力する体制づくりが整っているという理想の関係なのである。このことは，今さらながら「社会に開かれた教育課程」を実現するための基盤となっているといっても過言ではない。

　次に，本校と近隣の御所南小学校と京都御池中学校の2小1中の小中一貫教育の環境が，京都市内で先駆けて整えられてきたことが挙げられる。この小中一貫教育の柱として読解力の育成を柱に挙げてきたことは，9年間の教育課程において狭義の学力向上はもちろんのこと広義の学力においても生きる力の育成に大きな効果を上げてきたと自負している。

　読解力の育成についての理念とその教育実践については，後段にゆずるとして，本書では，さらに2小1中の中でも高倉小学校の取り組みの特色が出せるようにと考えた。読解力を基盤

とする学力の形成は，各教科・領域との連携や教科横断的な発想による単元構想など，子どもの学力形成のみならず，教員の指導力向上にも大きく寄与している。

2 「高倉教育」の特色

（1）豊かな教育資源と人的資源を生かす

　「どうしてそんな教育ができるのですか？」とよく言われるが，まずは多くの人が驚くような教育資源や人的資源が校区に宝のようにあることである。すでに発掘済みのものもあるが，まだまだ地下に眠っているものもある。

　しかし，本気にならないとそれは見えてこない。こちらから足でかせいで，ネットワークをつくりながら，汗をかいて初めて教えてもらえるようなことも多々ある。懐に飛び込んでいく勇気がなければ宝物は見つからない。そう思うと本校に限らず，どこの学校でもそのような宝物はあるのかもしれない。いつも教育課程に立ち戻り，宝物の原石を磨きながら毎年の素敵なコレクションを創作し続けていくようなカリキュラム・マネジメントを行っていくことで，芯はぶれないが，いつも新鮮で魅力的な教育活動が展開できるのである。

（2）地域とともに学ぶ教育課程の編成

　本校の特色を生かした日本の伝統文化が根づいた地域の教育資源を有効に活用した学習活動を核に教育課程を編成することにより，これからの子どもたちに必要な資質・能力を総合的に開花させることができると考えている。以下の4つの視点から学びのつながりを構築し，毎年新たな取り組みを加えたり，これまでの取り組みを充実させてきた。

　　○各教科・領域の学習を「つなぐ」
　　○子どもと家庭や地域の人材を「紡ぐ」
　　○時代を超えて学びを継承させる「繋ぐ」
　　○学校からほかの地域や他国に発信しながら
　　　　　　　　　「ＴＳＵＮＡＧＵ」

　前述のとおり，本校は京都の中心部に位置しており，多くの価値ある日本の伝統文化の教育資源を有している。茶道・華道・日本料理・陶芸・和菓子・尺八・琴・落語等，多様な日本の伝統文化に関わっておられる人材も豊富である。また，校区には日本三大祭りである祇園祭の山鉾が立ち並び，京の台所である錦市場も抱える古くから日本の生活文化に日本の伝統が浸透している環境にある。また，昨今，外国からの観光客やビジネスにより，国際化の流れが急速に生活の中にも見事に反映されてきている。

　このような環境の中で過ごす子どもたちが，当たり前のように身近にある文化の価値に気づき，誇りをもって学び，それを継承するとともに，自己の生き方を見つめなおすことが，豊かな人間性を育むことにつながると考えている。

3 最大のパフォーマンスを引き出すカリキュラム・マネジメント

（1）ぶれずに貫く校内研究の視点

　校内研究をすすめるにあたって，どこに視点をおいて研究を積み重ねていくかはとても重要である。研究教科を決めること以上に重要な意味をもっている。本校の場合は，研究教科はその時代によって変遷してきたものの，単元構想と評価のあり方をつねに研究のターゲットとし

てきたことにより，研究成果の財産が積み上げられてきたのではないかと思っている。各教科の指導法となると，その教科を究める意味では，研究成果は残るが，教科が代われば，また一からスタートすることになるかもしれない。

しかし，単元構想や評価については，一教科を通して身につけたものは，他教科への汎用も可能であり，教師の日常実践に結びつけられることによって，学校総体としての学力や指導力の向上につながってきたのではないかと思う。現在は算数科を中心とするパフォーマンス課題による単元構想とルーブリックを用いたパフォーマンス評価について研究をすすめている。この手法は，最近になって教科を越えて，他教科においても教育実践を試みている。本書においてもその足跡を実感していただけるのではないかと思う。この手法は，多様な評価方法として注目を浴びてきている。そして，このパフォーマンス課題を子どもにとって魅力的な，しかも学習が日常実践に生きるためにも，カリキュラム・マネジメントがいかに大切かということにまで先生たちが手ごたえを感じ始めている。

そして，この研究の積み重ねは，子どもの学習の成果物として，校内研究の財産として，積み重ねられてきているのである。若い教職員が増え，入れ替わりが激しいのに，どうして安定した研究活動が行えるのか不思議に思っていたが，これらの取り組みがあるからこそ，教職員が異動しようとも，積み上げ感のある研究になっていく所以なのである。この成果の残し方についても本書では具体例を挙げて説明しているので参照していただきたい。

高倉小学校のよいところは，その時代に応じて，つねに新しい風を入れながら，思い切ってスクラップするなり，新たなチャレンジを繰り返す努力をしてきたところである。どんなときも，その時々の教職員が一致団結して，目の前にいる子どもたち一人ひとりの力を引き出せるのか，一番必要なものをどうすれば与えることができるのかを真摯に考えてきた結果が今日なのではないかと思っている。そして，どんな新しい風でも受け入れる度量が地域の応援団にあったことが支えとなってきた。

これまでの管理職や教務主任が教育課程を管理するという発想から，すべての教職員がカリキュラムを俯瞰し，自由自在に操作しながら，より効果的な教育実践に紡いでいくという発想に展開していかなければならない。一人ひとりの教員が自分のカリキュラムに魂を入れて語れることが大切なのである。

（2）未来志向のものの見方や考え方を育てる

校内研究をすすめていくうちに，「子どもたちが，学びを生活に生かすとはどういうことか」という本質的な問いにベクトルが向いてきているのではないかと思う。このことは，自分たちがどのような社会を創っていくのかという主体的・能動的な学びへと導いていくにちがいない。

とりわけ，小学校期での学びは"おもちゃ箱をひっくり返す"ようなものだと思っている。その中から興味・関心あるものを取り出しては，好きなおもちゃを組み合わせて遊び，こわしてはまた次の日には新しい遊びを考え出す。偶然に見つけたその楽しみは一生忘れることはない。だからこそ，できるだけ上質で本物のよさが伝わるおもちゃを与えることが大切なのである。子どもは本物のよさを見分ける目や，研ぎ澄まされた感性をもっている。すべての可能性を引き出すために，最適な"おもちゃ箱"としての教育課程を求めて，私たちはいろいろな知恵を集めるために日々奔走し，さまざまな人に助けてもらいながら奮闘している。

これから，次の新しい時代に向かって進化し続ける高倉教育は，未知の可能性を秘めている。

3 教育方法研究室との共同研究

大貫 守・福嶋祐貴

❶ 「プロジェクト TK」の概要と歩み

2003 年度から，「スマイルたかくら」の活動の一環として高倉小学校と京都大学大学院教育学研究科教育方法研究室との連携による授業研究の取り組み「プロジェクト TK」が行われている。このプロジェクトは「教師が育つ，子どもが育つ，院生が育つ」を合言葉に，教育方法研究室の大学院生が主体となり，高倉小学校の先生方と連携する中で，お互いの専門性を発揮し，教師・子ども・院生がともに伸びゆくことをめざしている。

高倉小学校では，「プロジェクト TK」を通した学習指導法の改善や教育課程の充実，教科教育の指導力向上を目標に掲げている。これに向けて，院生は，プロジェクト発足当初，国語班・理科班などの教科班や特別支援学級を担当する班（こじか班）に分かれ，授業のワークシートや視聴覚資料の作成，グループ学習や評価方法についての検討を行っていた。たとえば，社会科班では教材研究の一環として，京都中央卸売市場へ赴き，その様子を撮影した教材の作成に取り組んでいた。

授業づくりの一環として，「プロジェクト TK」では，院生が単元を通して授業を見学し，その後，授業者に向けてフィードバックを行っている。授業見学で，院生は，授業者の技や意思決定，子どもの行動やその理解の実際につい

て授業記録を残し，分析する。その際には，目的に応じて記録用紙に座席表を用いるなど，授業記録の方法を工夫している。最後に，この授業記録を基盤に，理論的な解釈や意味づけを行い，先生方と共有し，授業の展開等について議論し，改善していくことをめざしている。

2009 年度以降は，高倉小学校の研究体制の変化に伴い，算数科に特化して関わるようになった。さらに，2010 年度からは，「活用」をテーマにパフォーマンス評価を通した算数科の授業改善に継続的に取り組んでいる。パフォーマンス評価とは，思考する必然性のある場面で学習者にさまざまな知識やスキルを総合して使いこなすことを求めるような複雑な課題（パフォーマンス課題）への取り組みの質を判断することで学習者の理解を評価する方法である（詳しくは第 3 章 1 節を参照）。

この際に，院生は，単なる研究者の理想とするパフォーマンス評価の実践モデルの適用を先生方に求めるのではなく，理論研究の成果を学校の教育目的や教室の文脈に即してアレンジし，それを生かした実践を共に構想するように努めている。このことは同時に，パフォーマンス評価の理論自体を，実践を通して問い直していくことにもつながっている。

2010 年度以降は，これに関連して，年度ご

とに研究課題を設定し，パフォーマンス評価に関する共同研究を行っている。たとえば2012年度には，指導計画における評価の観点と，パフォーマンス課題への取り組みの質を見取るルーブリックとの対応を検討した。近年では，知識や技能をペーパーテストで，数学的な考え方をパフォーマンス評価で評価するというような，評価の観点に応じた評価方法の使い分けに関する研究や領域の系統性を見据えた課題の開発に取り組んだ。このような形で，学校現場での活用を視野に入れ，パフォーマンス評価の理論と実践の橋渡しをしてきた。

以上の取り組みにおいて，院生は，大きく三通りのスタンスでプロジェクトに携わっている。まず初期の段階では，教材開発の知見や評価方法といった専門的な知識を提供する「情報ポータル」の役割を，次に授業見学において授業の事実を記録し，分析する「スコアラー」の役割を担っている。さらに近年のパフォーマンス評価に関する取り組みに見られるように，学校の教育目的に焦点を合わせ，共に解決をめざす「伴走者」の役割を果たしている。

② 算数科授業研究における大学院生の関わり

では，以上のように共同研究を行う中で，大学院生が現在どのように関わっているのか。近年の取り組みを中心に紹介してみよう。

まず授業に臨むにあたり，院生側で事前に集まって教材研究の会合を開く。これは当然学校側でもなされていることであるが，院生はより体系的な「情報ポータル」として専門性を発揮することが求められる。

教材研究の方法はさまざまである。たとえば，教科書比較による教材研究が従来より行われてきた。つまり，該当する単元について，京都市に採択されている教科書会社のものと，他社のもの数冊とを比較するという方法である。これにより，一社の教科書のみでは見落とされがちな指導上の観点や単元のポイントを明らかにすることができる。発問例や問題例を提案し，授業に取り入れられたこともある。パフォーマンス評価を授業づくりの中心にすえていることから，当該単元に関する「本質的な問い」や「永続的理解」とはどういうものなのかについても議論が行われる。

また，研究授業のための事前授業が実施された後であれば，院生側でルーブリックの検討会を実施するという試みもなされている。つまり，事前授業において集められた子どもたちの作品をもとに，予備的ルーブリックの記述語や観点が妥当であるのかを見直しておくのである。

ほかにも，一般的な教育方法・技術（板書，指導言など）に関する専門的知見の共有を試みたこともある。教育方法学が培ってきた知見を，共通文献の読み合わせ・検討によって再吟味し，現在の高倉小学校の授業づくりに生かせるようにするのである。

こうした教材研究の成果・知見は，指導案検討の場で提供することにしている。タイミングなどの事情でそれが困難な場合は，院生代表者がまとめたうえで学校側に送っている。その場合も，院生たち自身がその知見を実際に授業を見るポイントとして生かすことが求められる。

パフォーマンス評価が取り入れられて以降は，パフォーマンス課題やルーブリックの検討にも参加している。これは，より学校側の意図が反映されるような課題やルーブリックが実現できるよう，対話と議論を重ね，改善していく営みである。

たとえば，5年生の「面積」の単元で「だま

し絵」を作り，それぞれの面積の求め方を記述するというパフォーマンス課題については，元々は全体的ルーブリックの形式で作られていた。指導案検討に参加する中で，授業者が，図形それ自体の面白さ（独創性など）と，求積過程に関する記述が無駄なく筋道だっているかどうかという複数の観点で子どもたちをとらえ，伸ばしたいという思いを抱いていることが明らかとなった。そこで，観点別ルーブリックの考えから，「アイデア」と「数学的推論」という2つの観点に分けてみてはどうかと提案した。

以上のようにして作られた指導案をもとに，あるいは指導案検討と並行して，授業が展開していく。その授業に，院生たちが見学という形で参加する。研究授業の本時だけではなく，可能な限りそれまでの展開にも足を運ぶ。

授業中は，院生が積極的に介入することはない。子どもたちとの会話・接触は厳禁であるということを原則として，「スコアラー」として授業を見るのみである。

授業を見るにあたっては，年度初めに院生側で議論の場を設け，見るべきポイント（視点）に関して合意形成をはかっている。たとえば「話し合い（交流）での練り合い」「子ども一人ひとりが考えをもてていたか」「パフォーマンス課題は有効に設定されているか」「主に指導言等の側面に関して」「教材研究の視点から」などである。こうした視点で授業における子どもの学習を見ることで，一方では子どもたちの伸びを継続的にとらえ，一方では授業者の視点を補完することができる。

授業後には，授業者と院生とで簡単に授業について話したのち，各々が授業の感想をまとめる。それを代表者が集約し，授業者に送信する

ことでフィードバックとしている。

授業感想においては，自分が見た子どもの姿を中心に記述を試みる。ほかにも，授業者の挙動や指導言について，教材研究の視点から，また教育方法学の専門性の視点から意味づけを行っている。ここに，授業見学を介した理論と実践との相互環流が実現しているといえよう。授業者としては自らの実践を理論的に意味づけることができ，院生側も実際の授業に関わることを通して自らの知見を豊かにすることができる。

最近では，フィードバックの視点だけでなく手段についても議論を重ねている。全員分の感想を集約するとかなりの量になり，それに目を通すのは授業者にとって負担となりかねないためである。そこでまず2015年度には，院生間で口頭で感想を交流した後，それを執筆担当者（持ち回り）が議事録形式でまとめて送信するという方法がとられた。それに加えて，研究主任の先生に30分程度時間を設けていただき，口頭で授業について議論するという方法も2016年度には実現している。

いずれにしても，「プロジェクトTK」の合言葉であった，「教師が育つ，子どもが育つ，院生が育つ」という理念が実践されてきている。院生たちは，感想を交流する中で，ほかの院生の見方から学び合っている。具体的には，授業記録のとり方，子どもの姿のとらえ方などについてである。とくに学部から進学した修士課程の院生は授業見学の経験がほとんどないため，有効な教材研究やフィードバックを実現するという意味でも，上級生の知見から学ぶ意義がある。

❸ 「プロジェクト TK」のこれから

　「プロジェクト TK」では，2009 年度以降，先述のように教科班体制から算数科を中心とした共同研究へと移行してきた。しかしながら，それは研究体制の縮小を意味するものではなく，むしろ，これまでの研究の継承と新たな展開の可能性を示唆するものである。

　たとえば，2013 年度には社会科や国語科，理科でも授業見学や単元づくりを行った。そこでは，理科の「もののとけ方」において，算数科と同様にパフォーマンス評価を取り入れた単元づくりや教材研究を共に行っている。

　また，高倉小学校の学校運営協議会である「スマイルたかくら」を構成している学び部会や評価部会，体力向上部会に大学院生が関わることで，学校運営にも参加している。たとえば評価部会では，学校評価研究の知見をもとに，学校評価の設問項目の見直しを行っている。このほかにも，学び部会では，子どもたちのポスターセッションの力量の向上に向けて，これまでの部会の取り組みの蓄積を生かしながら，パフォーマンス評価の考えをもとに，ルーブリックを用いて技能の質を高めるための方策について検討している。

　このように，院生の関わりが日々の授業を超えて，学校運営全体に波及している。その中で，保護者・地域住民・教職員の想いを把握し，子どもの実態に根ざして，課題の解決に向けて自身の専門性や研究の蓄積をもとに一体となって取り組んでいる。

第 2 章

読解力を育てるために

「資質・能力」とは何か

本宮裕示郎

2017年3月に，新学習指導要領が告示された。どのような議論を経て，今回の改訂へと至ったのだろうか。

「次期学習指導要領等に向けたこれまでの審議のまとめ（報告）」（2016年8月）によると，改訂のキーワードとして，「資質・能力」が挙げられている。その中で，「育成すべき資質・能力」は，①何を理解しているか，何ができるか（生きて働く「知識・技能」の習得），②理解していること・できることをどう使うか（未知の状況にも対応できる「思考力・判断力・表現力等」の育成），③どのように社会・世界と関わり，よりよい人生を送るか（学びを人生や社会に生かそうとする「学びに向かう力・人間性等」の涵養）という「3つの柱」で整理することが望ましいとされている。つまり，学校と社会の架橋という観点から，教育目標としての「資質・能力」が求められているのである。「資質・能力」の内容を明確にし，教育目標とする動きは，近年，先進諸国を中心に見られる。たとえば，OECDのDeSeCoプロジェクトが示したキー・コンピテンシーは，①相互作用的に道具を用いる力，②社会的に異質な集団で交流する力，③自律的に活動する力，という3つで構成されている。OECDによるPISAは，この中の①の一部を評価しようとするもので，PISAリテラシーには，読解リテラシー，数学的リテラシー，科学的リテラシーが含まれる。

また，インテルやマイクロソフトなどのIT関連企業と教育関係者が連携するプロジェクト「21世紀型スキルのための学びと評価（ATC21S）」では，「21世紀型スキル」として「思考の方法」（創造性や批判的思考など），「働く方法」（コミュニケーションとコラボレーション），「働くためのツール」（情報リテラシーとICTリテラシー），「世界の中で生きる」（シチズンシップなど）という4つの分類が示され，OECDのキー・コンピテンシー以上に情報リテラシーやICTリテラシーが強調されている。

日本においても同様に，1990年代後半から，従来の「学力」に収まることのない教育目標に関する議論が行われはじめている。とくに，2000年代に入ってからは，PISAショックを経て，「資質・能力」に関する議論へと集約されている。

国内外問わず，「資質・能力」について議論されている背景には，学校教育に対する経済界や政界からの要求があると考えられるだろう。21世紀に入り，ICTの革新にともない，工業経済から知識経済へと転換しつつある。また，グローバル化の進展によって，一国内だけで解決できない政治的な諸問題が登場してきている。これらの経済的，政治的な変化によって，学校での教育内容を，従来の知識重視のものから「資質・能力」を中心にするものへと見直すことが要求されているといえる。言い換えると，

科学・技術の進展にともなう，価値観やライフスタイルの多様化，社会の流動化や不確実性の高まりを受けて，どのような社会でも対応することのできる「資質・能力」が教育目標として多くの国で掲げられることになったのである。今回の改訂での「育成すべき資質・能力」もまた，この流れを受けて提唱されているといえよう。

　では，「資質・能力」を教育目標とすることについて，何が期待されているのだろうか。2000年代に入り，「ゆとり教育」への批判を経て，「学力向上」が叫ばれる中で，教科，とくに，入試や学力テストに直接関わる主要5教科についての授業改善や校内研修が注目を集めた。同時に，その他の教科や特別活動，総合的な学習の時間が軽視される傾向にあった。しかしながら，入試や学力テストの成績は，学習者の能力や教師の力量だけに規定されるのではなく，教室における子ども同士や子ども・教師間の関係性や文化，学校の組織としての力や家庭・地域の社会関係などと密接に結びついていることが指摘されている。つまり，「資質・能力」を重視する動きは，「学力向上」のための取り組みとして授業改善や校内研修に尽力してきた人々の視野を，教科や学校の中にとらわれることのない学びにも広げることによって，学習環境を構想していく契機となりうるのである。

　ただし，学習活動を形式化・空洞化することや学校生活に不自由さ・息苦しさをもたらすことも同時に危惧されている。「資質・能力」を教育目標とすることは，「くらべる」（比較）や「似たような場面を考える」（類推）といった思考スキルの習得自体を教育目標にすることと解釈されることがある。しかしながら，これらの思考スキルは，深く思考しているときに見られるものであり，思考スキルを教えたからといって，深く思考できるとは限らない。つまり，思考スキルの習得をめざすことは，内容をともなうことのない，学習活動の形式化や空洞化を招く恐れがある。また，コミュニケーション能力や人間力といったものを含む「資質・能力」の重視は，子どもたちの日々のふるまいすべてを教師の監視下に置き，評価や評定の対象にすることへとつながりかねない。そのような環境の中で生活することは，学校を不自由なものと感じさせ，息苦しさをもたらすものにもなりうるだろう。

　では，期待どおり，もしくは期待以上の成果を上げるためには，どのような手立てが考えられるのだろうか。教科，総合的な学習の時間，特別活動という3つの領域ごとの教育目標の中に「資質・能力」を位置づけることが有効な手立てのひとつとなるだろう。3つの領域には，それぞれに固有の教育目標・内容があると考えられているためである。従来の「資質・能力」に関する研究では，教科で培う力と教科横断的な力とを区別する必要性が説かれてきたものの，領域ごとに，どのような「資質・能力」を教育目標とするかについての具体的な議論は十分には行われてこなかった。現在，3つの領域それぞれにおいて，教育目標となる「資質・能力」についての研究が盛んに行われている（参考文献参照）。「資質・能力」の議論を空回りさせることなく，期待以上の成果を上げるためにも，これらの研究成果が待たれているといえよう。

［参考文献］
石井英真『今求められる学力と学びとは──コンピテンシー・ベースのカリキュラムの光と影』日本標準ブックレット，2015年。
西岡加名恵『教科と総合学習のカリキュラム設計──パフォーマンス評価をどう活かすか』図書文化，2016年。
松下佳代『＜新しい能力＞は教育を変えるか──学力・リテラシー・コンピテンシー』ミネルヴァ書房，2010年。

読解力を支える 4 つの力

八木悠介

● 確かな学力を育む読解力

今日の社会ではさまざまな情報があふれ，国を越えた関わりが増えてきている。急速にグローバル化，情報化が進んでいる現在では，刻々と変化する事象に適宜対応していかなければならない。また，イギリスのマイケル・オズボーンは「20 年以内に今の仕事の 47％は機械が行う」と述べ，アメリカのキャシー・デビットソンは「2011 年度入学児童の就職先の 65％は現在ない職業である」と言っている。そのような社会の中，子どもたちには，さまざまな変化に対応し，自らの力で，自らの未来をたくましく切り拓いていくことが求められている。

そのためには情報を有効に活用する力，国や文化が異なっても自分の考えを正確に伝える力がより重要となる。現代社会で求められるのは知識や技能だけではない。OECD におけるキー・コンピテンシーにもあるように，これからの社会で道具を効果的に用いる能力，自分とは異質な人々とうまく関わり合う能力，自立して行動する能力など，さまざまな場面で多様な事態に対応することができる能力が求められているといえる。そして，情報を読み解いて自分の考えをしっかりともち，それをさまざまな形で適切に表現・伝達しながら他者との意思疎通ができるようにしなければならない。

そのために必要な力の一つが PISA 型読解力

であると考えられる。種々のテキストから情報を正しく抽出し，取り出した情報を比較したり推論したりし，さらに既有知識や自分の生活経験などをふまえ，熟考・評価を行い，その考えをわかりやすく効果的に表現したり取り組んだりする——そのような実社会，実生活に生かすことができる読解力を身につけることが求められる。

また，新しい時代に必要となる資質・能力の育成をはかるために新学習指導要領では，「生きて働く知識・技能の習得」「未知の状況にも対応できる思考力・判断力・表現力等の育成」「学びを人生や社会に生かそうとする学びに向かう力・人間性等の涵養」が必要であると挙げている。それらの力を育む基盤となるものこそ，本校がこれまで大切にしてきた読解力の育成であると考えている。

本校が育成したい読解力は，各教科・領域・総合的な学習の時間に育てるだけでなく，独自教科である「読解科」（62 ページ参照）や読書活動の中でも育んでいる。また，後述する読解力を育てる 4 つの力を意識した授業実践を行い，子どもたちの力を伸ばしている。

● 読解力を育てる 4 つの力

本校の研究の中核である「読解力の育成」とは，「自らの目標を達成し，自らの知識と可能性を発達させ，効果的に社会に参加するために，

書かれたテキストを理解し，利用し，熟考し，これに取り組む能力」と定義されている PISA 型読解力を育成することである。読解力は，各教科・領域等を貫く力であり，各教科・領域等に生きて働く力である。なお，本校では，「思考力」を中核に置き，学習プロセスの中で下記に示す「課題設定力」「情報活用力」「記述力」「コミュニケーション力」の４つの力を互いに関連させながら育てることで，読解力を育てていきたいと考えている。

課題設定力

☆自分の課題を見つけたり，決めたりする力

☆課題解決への見通しをもち，学習計画を立てたり学習方法を考えたりする力

情報活用力

☆課題解決に必要な情報をさまざまな方法で収集したり，選択したり，比較・分類したりして，情報をもとに自分の考えを構築する力

記述力

☆求められた字数でわかりやすく簡潔に書いたり，まとめて書いたり，表現方法を工夫して説明したりする等，自分の考えを，様式や条件を意識して，明確に表現する力

コミュニケーション力

☆自分の考えをまとめ，紹介したり，報告したり，説明したり，自分の経験と結びつけて論じたりし，読み取ったことや相手の考えと関連づけて話したり，聞いたりする力

☆相手の考えを理解し，自分の考えを相手にわかるように表現して交流する中で，さらに自分の考えを深めていく力

● 読解力を育むテキスト

　読解力を育てるために，言語・非言語テキスト，連続型・非連続型テキストというさまざまなテキストを扱い，どのようなテキストでも読み解いていく力を育てていきたいと考えている。また，

読解力は，各教科・領域など学校教育全般で育てていくため，各教科等で取り扱うテキストを明らかにし，子どもたちがさまざまなテキストに出合い，読み解いていけるようにしている。

テキストの例

【国語】
物語文・説明文，詩，新聞，表，グラフ，絵地図，写真，イラスト　等

【社会・総合・生活】
地図，パンフレット，見学のしおり，新聞，事典，ホームページ，広報誌，歴史読み物，静止画，動画　等

【算数】
挿絵，式，表，グラフ，数字，具体物，半具体物，ブロック図，テープ図，線分図，関係図，図形　等

【理科】
自然，自然事象，観察物，実験，図，写真，科学読み物，多様なモデル，ＣＧ，記号，静止画，動画　等

【音楽・図画工作・家庭・体育・道徳】
楽譜，音楽，記号，図表，楽器の音色，絵画作品，立体作品，写真，材料，動き，ルールの説明，レシピ，実習，読み物資料，体験　等

【英語活動・外国語活動】
絵，図，動画，絵本，アルファベット，音声言語，絵カード，クイズ，身体表現，表情　等

● 読解力を育てるために

　読解力は学校教育全般で育てていくものである。本校では，各教科・領域等において目標とする力を身につけられるようにするとともに，各教科・領域等における読解力とは何かを明らかにし，毎時間重点的に育てたい読解力を位置づけて，単元構成，授業づくりを行っている。

おなじ なかまを あつめよう
〜なかまわけシートを使って〜

授業者　兒玉由希子

● 単元構想

　本単元では，身の回りにあるものはさまざまな特徴ごとに分類することができ，自分と友達とでは考え方や見る視点が異なることに気づくことをねらいとしている。同じ資料を使っても，自分と分類の仕方や着眼点が異なる友達の意見に感心したり，驚いたりするだろう。物事には，人によりさまざまな考え方やとらえ方があることを実感できる機会になると考え，本単元を設定した。また，分類は，多くの情報を整理する際に基礎基本となる考え方である。毎日の生活の中で整理整頓をする場面でも，知らず知らずのうちに「分類」の手法を用いて入れるものを分け，片付けをしている。1年生の段階で「分類」の手法を知ることは，これからの生活につながり，役立っていくと考えられる。

　この学習は，2年生の「あつめて　わけて　見つけたよ」の学習につながっていく。1年生では，「自分と友達の分け方が違っておもしろいな」と実感することをねらいとするが，2年生では，「同じものでも見方によっていろいろな分類の仕方があるんだな」ということに気づくことをねらいとし，ステップアップをはかって学習できるようにしていきたい。

　また，本単元は，1年生国語科「ものの　名まえ」において，身の回りの物の名前を集め，上位語と下位語に分けてまとめる学習や3年生「ことばを分類する」において，言葉の性質に着目して，言葉を分類する学習につながる。本単元で培った分類の仕方を他教科でも生かし，より質の高い教科学習につなげていきたい。

● 単元計画

1	色や大きさ・形の違う図形（丸・三角形・四角形）を3つのグループに分類し，グループに名前をつける。
2	身の回りのもの（食べ物・乗り物・楽器・色・形）を分類し，グループに名前をつける。
3 (本時)	身の回りにあるものはさまざまな特徴ごとに分類することができ，自分と友達では考え方や見る視点が異なるということに気づくことができるようにする。

✿ 教科横断でめざす資質・能力の育成

　本単元では，分類の手法について知るとともに，いろいろな分類の仕方があることに気づき，他教科でも分類の方法を生かすことができる資質・能力をめざした。

第1時　丸・三角・四角のなかまわけをする

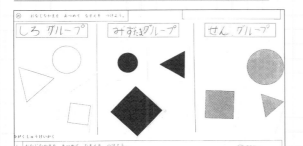

第2時　食べ物・乗り物・楽器などのなかまわけをする

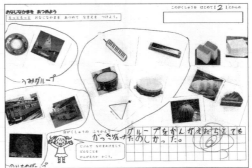

第3時　身の回りのもののなかまわけをする

　資料は子どもたちが毎日学校で使っている物から13枚の写真を選んだ。

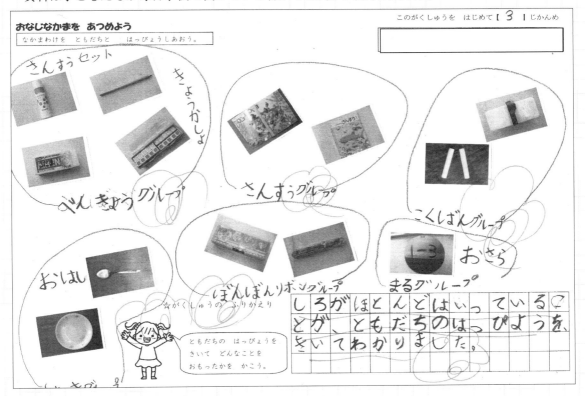

☆ここで生かす思考操作・思考ツール

　ここでは，分類したグループの名前や分け方の観点を話し合うという活動を取り入れている。分類の思考操作は，多くの情報を整理する際の基礎基本の考え方であり，これからの生活につながっていくと考える。

● 本時（3／全3時間）

めあて 身の回りにあるものはさまざまな特徴ごとに分類することができ，自分と友達では考え方や見る視点が異なるということに気づくことができるようにする。＜コミュニケーション力＞

学習形態	学習内容・活動	○支援 ◇留意点
全　体	1. 身の回りのものを分類し，名前をつけるという本時の学習のめあてと学習の進め方を確認する。 **なかまわけを　ともだちと　はっぴょうしあおう。**	
全　体	2. どのようなグループに分類できそうか，予想する。 ・お皿とボールとひまわりのりは，「丸グループ」にできそうだな。 ・お皿とスプーンとお箸を，「給食グループ」にできるよ。	○資料を確認しながら掲示することで，資料を全体で確認できるようにする。 ○どのように分類できそうか予想を発表することで，活動の見通しがもてるようにする。
個　人	3. 身の回りのものを分類し，グループに名前をつける。 ・算数セットと算数の教科書は算数の時間に使うものだから，「算数グループ」にしようかな。 ・黒板消しとチョークは先生が使うものだね。「先生のものグループ」にできそうだよ。	◇同じ資料を複数回使ってもよいこととし，必要な資料があれば取りに来るように伝えておく。 ◇友達と話し合いながら活動できるようにすることで，さまざまな視点で分類できるようにする。 ◇一度ワークシートの上で資料を分類してから，ワークシートに貼るように声かけする。
全　体	4. 分類した視点を全体で交流する。 ・ぼくは，黒板，チョーク，教科書，ブロック，算数セットを「授業グループ」にしました。 ・給食，お箸，お皿は「給食グループ」にしました。	○全体で交流することで，さまざまな視点で分類できることに気づくようにする。 ○子どもの発表を黒板に残すことで，友達と自分の考えを比べることができるようにする。
個　人	5. 学習の振り返りを行う。	◇友達と交流して考えたことについて感想を書くように指示する。

● 授業の様子

1. 課題把握 ～仲間分けを友達と発表しよう～

　導入では，身の回りにあるものの写真を見せ，今日の学習ではどんなことをするのか見通しをもたせた。前時の学習内容を掲示しておくことで，本時の課題把握にもつながった。

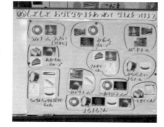

2. 個人学習 ～身の回りの物を分類し，グループに名前をつける～

　子どもが操作しやすい大きさに1枚ずつ切った写真を渡し，ワークシートの上で自由に写真を並べさせた。資料の数は13枚とした。当初20枚程度を準備していたが，事前授業を行った際に1年生児童には数が多く，分類にとまどう姿が見られたからである。13枚にすることで，約10分間で，4～6程度のグループに分

類することができた。また，友達と協働的に学び合いながら活動できるようにすることで，さまざまな視点で分類できるようにした。まず，ワークシート上で資料を分類してから糊で貼るようにした。このようにカードの操作やペア学習で交流したことによって，子どもが自分なりの視点で分類をすることができた。子どもたちは，形に注目して，「丸グループ」「四角グループ」「三角グループ」と名づけたり，算数の勉強で使うものは「算数グループ」，食べるときに使うものは「食事グループ」と名づけたりしていた。前時までに学んだ分類の視点で仲間分けようとしている子どもが多く，学習のつながりが見られた。どの子もとても意欲的に分類をしている姿が見られた。

3. 全体学習 〜理由を全体で交流する〜

　いろいろな視点に気づかせるために，子どもが分類した仲間を1つだけ発表するようにした。その名前をつけた理由も発表することで，友達の考えのよさやおもしろさを感じることができた。黒板にグループ分けした写真とつけた名前がつながるようにして分類していった。また，さまざまな視点で分類をしている子どもを意図的に指名することで，多くの考えにふれることができるようにした。さらに，子どもの考えを黒板に残すことで，気づかなかった分類の仕方を知ることができた。この学習を通して，新たな分類の視点をもつことができたのではな

いかと思われる。「なるほど」「その考えには気づかなかったなあ」「今の考えはおもしろいなあ」といった子どもの声がたくさんあがり，新しい気づきが見られた。

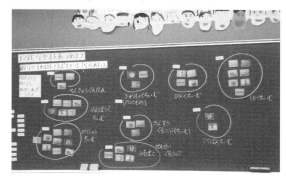

4. 学習のふりかえり

　1年生という発達段階を考えると，学習の振り返りを自力ですべて書くという活動には抵抗感を感じる子どもも見られる。そこで，書き出しを示すことで，すべての子どもが自分の思いを書けることにつながった。今日の学習で学んだことをどんな場面に生かしていきたいかなど，めあてに沿って本時の学習を振り返るようにした。

実践を終えて

　本題材は，比較・分類などの思考操作を行い，自分の考えを作ったり，それぞれのよさに気づいたりする学習である。実際に写真を動かしながら分類することで，分類のよさや楽しさに気づくことができた。また，分類した理由を問うことで，より思考を深めることができた。

　1年生の読解科では，写真や記号・付箋の並び替えなどの操作が多い。この操作活動を丁寧に行っていくことが，2年生のベン図などの思考ツールにもつながり，これから学習する思考操作を生かせる素地を養えるのではないかと考える。

第2学年　読解科

あつめて わけて 見つけたよ
～付箋を使って～

授業者　**兒玉由希子**

● 単元構想

本単元では，付箋を活用し，分類することで，自分と友達とでは考え方や分ける視点が異なるということに気づくとともに，付箋を活用しながら話し合うことのよさを考えることをねらいとした。

1年生の読解科の学習では，自分で考えたことを班で出し合い，自信をもって自分の考えを発表することや，自分では思いつかなかったさまざまな考えにふれることに重点を置いてきた。2年生の読解科の学習では，班で出た考えに対して自分の考えを言ったり，班の考えとして1つに考えをまとめたりすることを班での学習の目標とし，全員が生き生きと話し合い活動に参加できるようになってほしいと考えた。

今回は，付箋を使って班で話し合いながら身の回りの物を分類し，名前をつけるという活動を行った。そして，同じグループにできるものはないか，みんなで考えを出し合いながら付箋を移動させ，1つにまとめることで話し合い活動を充実できるようにした。意見を1つにまとめる話し合いの仕方を経験するようにすることで，今後の学習にも生かしていくことができると考える。また，同じ班の友達と話し合いながら分類することにより，人によってさまざまな見方や考え方があることを再認識することができるようにし，多様なものの見方や考え方の素地を養いたいと考え，本単元を設定した。

この学習を通して，班の友達と協力し合って意見をまとめる経験をすることで，みんなで考えることのよさや楽しさを感じてほしいと考えた。

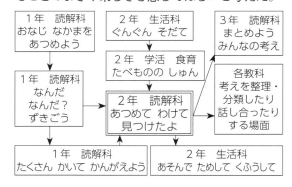

● 単元計画

1	学校にある物を分類し，グループに名前をつける。
2（本時）	班で仲間分けの仕方を話し合い，付箋を使って野菜を分類する。

🌸 教科横断でめざす資質・能力の育成

　本単元では，分類するために付箋を活用している。多様なものの見方や考え方ができる資質・能力の素地を養うことをめざした。

第1時　学校にある物を分類する

　学校にある子どもたちにとって身近なものを提示し，その共通点を見つけて仲間分けした。用途で分ける子もいれば，形や色で分ける子もおり，1年生「おなじ　なかまを　あつめよう」で学習した，同じものを分けるにしてもさまざまな分け方があることを再認識することができた。

第2時　野菜を分類する

　付箋は，グループで分類することを考え，1人14枚にした。話し合い活動を有効にするためにホワイトボードを活用し，ペンで考えを書き込めるようにした。

☆ここで生かす思考操作・思考ツール

　ここでは思考ツールとして付箋を活用した。1つの付箋に1つの野菜を書くようにし，5分間で10個程度の野菜の名前を書いた。次に，班で付箋に書いた野菜を出し合い，1人ずつ自分の書いた野菜を発表しながらホワイトボードに付箋を貼っていくようにし，友達と同じ野菜を書いていた場合には付箋を重ねて貼るようにした。

　付箋は同じ考えのものを近くに移動したり，重ねて貼ったり，何度も貼ったり剝がしたりできるという利点がある。付箋を移動させたり重ねて貼ったりすることで，それぞれの考えを出し合い，話し合いを活発にできるようにした。

　この付箋を使った分類は，さまざまな教科で考えを整理・分類したり，話し合ったりする場面で，大変有効であると考えている。

めあて　付箋を使って班で仲間分けの仕方を話し合おう。
　　　　＜コミュニケーション力＞

学習形態	学習内容・活動	○支援　◇留意点
全　　体	1．本時の学習のめあてと学習の進め方を確認する。 はんでなかまわけのしかたを話しあおう。	
個　　人	2．付箋に野菜を列挙する。 ・キャベツ・きゅうり・トマト・ピーマン・にんじん・レタス・れんこん・長いも・かぼちゃ…まだまだあるな。	○生活科「ぐんぐんそだて」の学習や食育の学習を振り返るようにすることで，多くの野菜を想起できるようにする。 ◇1つの付箋に1つの野菜を書くようにする。
グループ	3．列挙した野菜を班で出し合う。 ・トマトです。 ・きゅうりです。 ・ぼくもきゅうりって書いたよ。同じだから重ねて貼るね。 ・レタスです。 ・玉ねぎです。 ・同じです。 ・ほかにまだ出ていない野菜はあるかな。にんじんです。	◇班の友達と順々に野菜を発表していくようにし，さまざまな種類の野菜を出し合えるようにする。 ◇同じ野菜を書いていた場合は付箋を重ねて貼るようにする。 ◇付箋を貼り終えたら班でほかの種類の野菜を考えるようにし，野菜の種類を増やす。 ◇いくつかのグループに当てはまる野菜が出てきた場合，付箋をつけ足して考えてもよいことにする。
グループ	4．付箋に書いた野菜の共通点を見つけ，付箋を操作して仲間分けする。 ・トマト・にんじん・パプリカは赤色をしているよ。これは赤色グループにできるね。この3つはここに集めよう。 ・キャベツ・大根・とうもろこしはシャキシャキとしたしょっかんだよ。シャキシャキグループはどうかな。 ・こっちに移動させるね。おいもさんグループという名前でいいかな。	◇仲間分けのデモンストレーションをし，同じ野菜が書かれている付箋があったら重ねて貼ることを知らせる。 ○前時の学習を想起し，多様な分け方や考え方があったことを振り返ることでさまざまな目線で仲間分けできるようにする。
全　　体	5．各班をまわって考え方を見たり聞いたりし，仲間分けの仕方を交流し合う。	○各班を回って考え方を聞いたり分け方を見たりするようにすることで，さまざまな分類の仕方があり，おもしろさに気づくことができるようにする。
個　　人	6．付箋を活用して話し合いをすることのよさについて考え，学習の振り返りをする。 ・今日は STEP UP して班の友達と仲間分けをしました。班の友達と話し合うと，自分では思いつかない分け方がたくさん出てきておもしろいなと思いました。 ・付箋を使って仲間分けすると何度でも貼ったり剥がしたりできるから班で話し合うときに意見が分かれても何度でもグループを作れるので，便利だと思いました。	◇めあてに沿って視点を与え，めあてに沿って振り返りができるようにする。 ◇どのような学習で活用できそうか問いかけ，今後の学習の見通しがもてるようにする。

授業の様子

1. 課題把握 ～学習の見通しをもつ～

導入では，生活科で育ててきたトマトのことや食育で学習した野菜を想起し，1年生で学習した「考えるタコ」からステップアップして，付箋に列挙することを提示した。

2. 個人学習 ～野菜を列挙する～

想起した野菜を，1つの付箋に1つずつ列挙した。付箋は1人14枚とし，グループ交流の際に同じ野菜を書いていてもある程度の種類に分類できる枚数にした。給食の献立を思い出したり，食育で使ったプリントを見たりしながらさまざまな野菜の名前を考える姿が見られた。

3. グループ学習 ～付箋を分類する～

個人学習で書いた付箋をホワイトボードに貼り，グループの友達と話し合いながら野菜を仲間分けした。初めに，グループの中で同じ野菜が出てきたら付箋を重ねて貼ること，付箋を動かしながら話し合うことを確認し，話し合いを始めた。話し合い活動では，緑，赤などの色や丸い，細いなどの形，でこぼこしているなどの見た目，皮をむくと出てくるなどの特徴で分けたりとさまざまな発想で分類する姿が見られた。「この分け方もあるけど，こんな分け方どう？ おもしろくない？」と提案しながら話し合う姿も見られた。

4. 全体学習 ～ほかの班の分類の仕方を見る～

全体学習では，各班を回って考え方を聞いたり分け方を見たりすることで，さまざまな分類の仕方があるおもしろさに気づくことができるようにした。その後，各班の仲間分けのよさやおもしろさを全体の場で発表するようにし，各班の考え方のおもしろさを感じることができるようにした。

5. 学習の振り返り

学習の振り返りでは，2つの視点を与えて書くようにした。友達と分類の仕方を話し合ってどうであったか，付箋を使って考えてどうであったかを書くように指示した。友達と話し合うことで，自分では思いつかなかった分け方ができたという気づきや，友達の分類の仕方のおもしろさに気づいたという振り返りが多く，また，付箋は貼ったり剥がしたりできるため，何度も意見交換ができることに気づいている子どももいた。

実践を終えて

本時2時間目では，第1時と異なり，班で分類の仕方を話し合った。野菜の分け方という考えに幅があるものを教材としたため，答えがない分，さまざまな意見が出て，活発な話し合いができたと感じた。今回は自由に意見を出せるよう，話し合いの型ではなく意見の出し方のみを提示したため，班によって自由に意見を出すことができ，話し合っているうちにどんどんアイデアが膨らんでいる班も多くあった。

話し合うことで付箋を使うよさに気づくことに関してはまだ発達段階が未熟だが，付箋という思考ツールを使うことはさまざまな教科学習の中でも生かすことができ，意義があると感じた。

まとめよう自分たちの考え
〜座標軸を使って〜

授業者　**浦家健太**

● 単元構想

　本単元は，自分たちの考えを列挙・分類することで，考えを視覚化できたり，多様な意見を見たうえで考えを整理することができたりすることに気づくようにすることをねらいとした。自分の考えを書き出し，グループ分けする活動を通して，考えを列挙して分類することのよさに気づくようにしていった。

　列挙とは，1つ1つ並べ立てて挙げることである。本単元における列挙では，第1時のマッピングにおいては，考えを制限することなく思いつくままに付箋に書き出していけるよさがある。さらに，第2時・3時で行う座標軸では，列挙したものをカテゴライズしたり，また，グループで各自が書き出した考えを列挙したりしていくことで，自分にはない考えに気づくことができるよさがあると考えた。

　さらに，本単元では，グループで各自の考えを列挙する活動と同時に，分類していく活動を

伴う。その過程において，自分と同じ考えや似ている考えに気づいて分類したり，一見ばらばらに見える考えだが関連があることに気づいて構造化したりするなど思考を働かせることで，多くの考えを整理できるよさに気づけるようにしたいと考えた。

　他教科・他領域の学習においては，国語科で物語の感想を書き出してその内容を整理するとき，社会科で調べたいことを書き出して一つのテーマに絞るとき，理科で調べる対象の特徴を書き出して分類するとき，テーマを決めて新しいアイデアを生み出そうとするときなど，列挙・分類することを身近な思考の方法として活用することができると考える。また，1つの事柄について，思いつくまま言葉を書き出していくことの楽しさや，一見ばらばらに見える言葉も，付箋を動かしながらグループ分けすることで整理できていくことの面白さに気づけるようにしたいと考えた。

● 単元計画

1	自分たちの考えをよりわかりやすく整理することについて考えるという課題を設定し，学習計画を立てる。
2 （本時）	座標軸にまとめることで，現在のクラスのよいところやもっとよくしたいところを見やすく整理することができるようにする。
3	前時で完成した図を見て，クラスをよりよくしていくにはどういった行動をとることができるか考える。

🌸 教科横断でめざす資質・能力の育成

　本単元は，考えを分類したり，構造化したりするなどの思考を働かせることで，多くの考えを整理できる資質・能力を育成することをめざした。ここでは，学級活動の中で，クラスづくりと関連させて学習を進めていった。

第1時　よいクラスとは何か，マッピングをして考える

　全体で「よいクラスとはなんだろう」というテーマのもと，マッピングを行い，理想のクラス像を完成させた。その後「では今の3年2組はどうだろう？」というテーマで，自分が思うクラスの「今」を付箋で書き出し，グループでそれらを分類する活動を行った。この際に分類したものと，次時で座標軸にまとめて整理したときの違いを感じ取れるようにした。

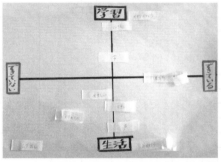

第2時　座標軸にクラスの今を表す

　前時で分類したものを使って，それを座標軸に表す活動を行った。付箋を使ってグループで座標軸上に話し合いながら表した。最後は黒板上の座標軸にそれぞれの分類の理由をもとにカードを貼り，全員で賛成・反対意見を拾いながら完成させていった。

第3時　新たな軸を使って分類する

　新たな軸の座標軸に考えをまとめていくことで，座標軸とは軸を変えることでさまざまな事柄を分類できることに気づくようにした。分類し，座標軸にまとめる思考操作を活用して1時間目に話し合った「よいクラス」に近づけていくためにはどうしたらよいかを考えていった。

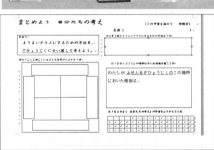

☆ここで生かす思考操作・思考ツール

　本単元は，テーマを決めてグループによる話し合い活動において，自分の考えを付箋を使って書き出し，それらをさまざまな観点で分類してまとめていくことの有用性を認識する学習である。

　思考ツールとして座標軸を用いて，自分と他者との考えの違いに気づいたりしながら，その考えの折衷点を考えながら貼りつけていく活動を進める。一見ばらばらに見える考えを分類することのよさや効果を，分類して座標軸に表すことでわかることからとらえられるようにした。

● 本時（2／全3時間）

めあて：座標軸にまとめる思考操作を通して，考えが見やすくなったり，整理できたりすることに気づくことができるようにする。＜情報活用力＞

学習形態	学習内容・活動	○支援　◇留意点
全　体	1．座標軸にまとめることで，クラスの今を整理することができるようにする。	
	2．前時で作成したマッピングをもとに，よいクラスとはどんなクラスかを振り返る。	○マッピングを用意することで，自分たちが考えるよいクラスと，自分たちのクラスの現状をくらべて考えることができるようにする。
	クラスの「今」を整理しよう。	
	3．よりよい整理の仕方を考える。 ・できるとできないで分けることができる。 ・もっと分けられる。	○ざひょうじく，たてじく，横じくという言葉を押さえるようにする。 ○生活面，学習面の軸は，子どもから出なければこちらから示す。
グループ	4．グループで，付箋を動かして配置する。 ・これはできていると思うから，右側の一番端に配置しよう。 ・そうじは，もっとできると思うな。だから真ん中よりは左だね。	○配置する場所によって，度合いが変わるということを押さえるようにする。 ○グループで表した座標軸は，画用紙を見せ合うことで，分布の同じところや違うところに気づけるようにする。
個　人	5．グループ活動でわかったことをワークシートに記入する。	◇わかったことを記入する際には，座標軸のどこを見てわかったのかもワークシートに記入するようにする。
全　体	6．黒板上のカードを動かし，座標軸をみんなで完成させる。 ・生活面の「そうじ」のカードは，最近みんながんばっているので，もうすこしできるに近いところに配置したほうがよいと思います。 ・学習面の「きれいな字」というカードは，もっときれいに書くことができると思うので，できないところに近いと思います。	◇発表の際に，賛成意見，反対意見の人の声を拾い，カードの配置場所をみんなで決めるようにする。
個　人	7．今日の学習を振り返る。 ・軸におくことで，○○がどのくらいできているのか，できていないのか整理できた。 ・このクラスは一番○○ができているということがわかりやすくなった。 ・できていないところをできているにもっていけるようにしたい。	○新たにわかったことや前時の学習と比べて考えたことを書くことができるように声かけをする。
	8．3年2組をよいクラスに近づけるにはどうしたらいいのかな？という次時の課題を確認する。	

● 授業の様子

1. 課題把握 ～わかりやすいまとめ方を考える～

導入では，前時で考えたよいクラスのマッピングを用いた。そうすることで，よりわかりやすくクラスの現状を整理するにはどうしたらよいのかという課題をもつことができた。

2. グループ学習 ～付箋を動かして座標軸に配置する～

作成した付箋を座標軸上に軸を考えながら配置していた。軸となる4つの視点について，どの程度その視点に当てはまっているのかも話し合う姿が見られた。

3. 個人学習 ～グループで作成した座標軸を見てわかったことをワークシートに記入する～

座標軸を見て，「一番右の端に配置されているから，このクラスの一番できていることなんだとわかった」など，座標軸の中でもその配置の場所によってわかることなどを記入した。

4. 全体学習 ～全員でクラスの今を座標軸に完成させる～

全体学習では，グループの代表が自分たちの作成した座標軸の中からいくつかの項目を選んで，黒板上の座標軸に配置し，理由を発表した。それぞれの理由に対して，賛成や反対の意見が挙げられ，みんなで話し合った末にカードが座標軸上に配置された。完成したクラスの今の座標軸を見て子どもたちからは，「今のクラスの状況が整理できたな」「納得」といった声や，「じゃあ，もっとここを頑張ればよいクラスに近づくね」といった声があがっていた。

5. 学習の振り返り

振り返りの際には，新たにわかったことや前時の学習と比べて考えたことを書くことができるように指導した。マッピングと比べて座標軸のよさや効果について振り返りを書く子どもが多く見られた。

実践を終えて

座標軸に整理していくことで，観点に沿って整理することのよさを感じることができた。また，○○がどの程度できているかを視覚的に理解することのよさにも気づくことができた。発表の際にも，「生活面のできているところは○○です」と，その観点の言葉を用いて発表している姿が見られた。

日常の生活の際に，考えを整理する1つのツールとして座標軸は有効に活用できると考える。座標軸を使うためには，軸を立てて考えること，軸をもとに観点ごとに整理することの2点が必要になる。この単元のみならず，各教科や領域でも，観点を自分たちでいくつか考えさせて分類などの活動を行うことで，よりわかりやすく自分の考えをまとめることができるようになるのではないかと考える。

第4学年 読解科

資料を選んで伝えよう～あなたの考えは～

授業者　吉川武彰

● 単元構想

　本単元のねらいは，資料から情報を取り出し，その情報を選択して適切に関連づけ，新たな考えをつくることができるようにすることである。

　3年生の読解科「つなげて発見！ 新しい考え」の単元では，提示した資料を関連づけることにより，新しい考えが生まれたり，新しい発見ができたりするということを学習した。しかし，4年生では社会科や理科での学習で，1つではなく複数の資料を関連づけて考える場面が多くなる。そこで本単元では，自分で資料を選択したうえでそれらを関連づけ，考えをつくることを目標とする学習を展開した。

　本単元では，沖縄県や京都府が国内旅行人気ランキングで上位であるということをもとに，そこにはどのような魅力があるのか考えた。そのときに，資料を使わずにウェビングマップを活用して考える学習を通して，自分のイメージだけで考えるのでは考えに説得力がないことに気づき，資料を読み取ることの大切さに気づくようにした。また，自分たちが住んでいる京都府にもたくさんの観光客や修学旅行生が来ていることから，なぜ京都府にたくさんの人が来るのかを複数の資料を関連づけて考えられるようにし，京都の魅力に気づくことができた。

　資料は適切に関連づけなければ新たな考えを構築することはできず，関連づけても意味の通じないものになったり，説得力のないものになったりする。そこで，適切に資料を選択する視点をもてるようにするため，本単元では，付箋に読み取った考えを書き，それを操作して組み合わせるようにした。そこで培った視点をもって，自分の考えをつくっていった。

● 単元計画

1	沖縄県が国内旅行人気ランキング1位である理由を，資料を適切に関連づけて考えるという課題を設定し，学習計画を立てる。
2	京都府が国内旅行者数1位である理由がわかる資料を読み取る。
3（本時）	資料から読み取った内容を関連づけることで，京都が国内旅行人気ランキングで上位になっている理由を考える。
4	適切に選択した資料を関連づけて自分の考えをとらえる。

教科横断でめざす資質・能力の育成

　本単元では，複数の資料から情報を取り出し，適切に関連づけて新たな考えをつくることができる資質・能力の育成をめざした。そのため，読みとった情報を付箋に書き，それらを関連づけて新しい考えをつくることを行った。社会科や理科でも情報を適切に関連づけて考えをまとめることにつなげていきたいと考えた。

第1時　沖縄のイメージ：ウェビングマップづくり

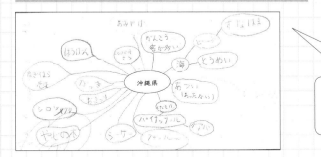

沖縄県のイメージを
ウェビングマップで広げる。

第3時　付箋を使っての思考操作

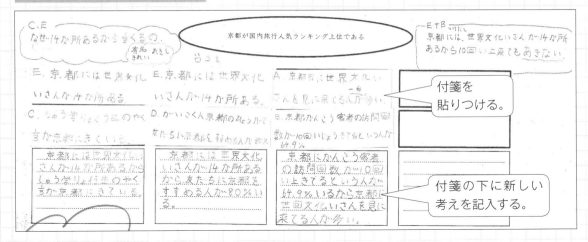

付箋を
貼りつける。

付箋の下に新しい
考えを記入する。

☆ここで生かす思考操作・思考ツール

　第1時に思考ツールとしてウェビングマップを活用し，沖縄県のイメージを広げた。イメージを広げることで，沖縄県の魅力に迫ることと同時に，イメージだけでは，理由に説得力がないことに気づくことができるようにした。第3時では，資料から読み取った考えを付箋に書き入れることで思考を可視化した。

　付箋は何度も貼ったり剥がしたりできるので，文字にした自分の考えを操作して，何と何を組み合わせたらよいかを考えやすくなるという利点がある。その付箋をワークシート上に並べて操作することで，考えを関連づけることができるようにした。さらに新しい考えを記入できるスペースを作ることで，いくつかの考えを適切に関連づけながら新しい考えをつくることができるようにした。

● 本時（3／全4時間）

めあて 複数の資料を関連づけて，京都が国内旅行人気ランキングで上位になっている理由を考えられるようにする。＜情報活用力＞

学習形態	学習内容・活動	○支援 ◇留意点
全　体	1. 本時の学習のめあてと学習の進め方を確認する。 京都が国内旅行人気ランキングで上位になっている理由を，読み取ったことを組み合わせて考えよう。	
全　体	2. 5つの資料を見て，その資料からわかる情報を確認する。	◇5つの資料からわかったことを全体で確認する。 ○前時までの学習を側面に掲示することで，学習内容を想起できるようにする。
個　人	3. 選択した資料を関連づけて自分の考えをつくる。 ・AとBをつなげると修学旅行生が京都に観光に来る理由がわかるな。 ・AとDはまったく異なる内容だから資料をつなげられないな。 ・Dの資料は外国人観光客のことだから，ほかの資料とは関連づけられないんじゃないかな。	○付箋を操作して，組み合わせられるようにすることで，自分が読み取った考えを関連づけやすくする。
グループ	4. 関連づけてつくった考えが適切かどうか，グループで話し合う。 ・EとFを関連づけても新しいことがわかるんだ。 ・Dはほかの資料とは関連づけにくいのかもしれない。	○画用紙を用意し，付箋を操作しながら班で意見をまとめられるようにする。 ◇どの資料を使って考えたのかを友達に伝えるように指示する。
全　体	5. グループで話し合った互いの意見を交流する。 ・AとBを関連づけると「京都市にはたくさんの世界文化遺産が集中しているから世界文化遺産を見に来る人が多く，人気があるのではないか」という意見がありました。 ・BとCの資料を関連づけると「京都市にはたくさんの世界遺産があるから修学旅行に選ばれ，人気があるのではないか」という意見がでました。	○黒板にもクラゲチャートを提示し，グループの意見と比較しやすくする。 ◇適切でない資料の例が子どもからでないときは，教師が用意した例を提示することで，考えが適切か考えられるようにする。
全　体	6. 学習のふりかえりをする。 ・関連づけるときには，どんな資料でもつなげたらいいのではなくて，自分の考えをつくるために適切な資料を選ばなければならないことがわかりました。	◇本時の振り返りを行い，学習内容を確かめられるようにする。
個　人	・次時の学習の確認をする。	

● 授業の様子

1. 課題把握 ～京都が国内旅行人気ランキングで上位になっている理由を，読み取ったことを組み合わせて考えよう～

導入では，第1時で行った沖縄のイメージについてのウェビングマップや第2時で読み取った資料の内容を見ることで，前時までの学習を振り返り，本時では京都が国内旅行人気ランキングで上位になっている理由を読み取り，資料を組み合わせて考えるという学習内容を確認した。

2. 個人学習 ～付箋を操作して新しい考えを作る～

前時に資料から読み取ったことを付箋に記入しておいた。そうすることで，自分の考えを可視化できるようにした。その付箋を操作し，付箋と付箋とを組み合わせることで，考えを関連づけやすくし，新しい考えを生み出すことができるようにした。

そして，できた考えを付箋の下の枠に記入できるようにした。

3. グループ学習 ～考えをグループで交流する～

いろいろな視点に気づかせるために，どの資料とどの資料とを関連づけたか，どのような新しい考えになったのかを交流し，新しい発見が見られた。

4. 学習の振り返り

資料から読み取ったことを関連づけるという学習は4年次の社会科の学習や理科の学習の場面でも必要になってくる力である。1つの資料だけでなく，複数の資料を組み合わせて考えていくことが重要になってくる。今回の学習で資料を関連づけて考えることのよさに気づく子どもの姿がみられた。

複数の資料を組み合わせるという考え方は今回の学習で初めて学んだことであるので，いろいろな場面に生かしていけるようにしたい。

実践を終えて

本題材では，複数のものを組み合わせるといった思考操作を行い，新しい考えをつくっていった。

4年生ではXチャート，クラゲチャートなどさまざまな思考ツールを学び，自分で思考を整理し，考えて使っていくことができればよいと考える。それぞれの思考操作，思考ツールのよさを感じ取り，さまざまな場面で活用することが教科横断的な学習につながり，子どもの思考力をさらに向上させていくのではないかと考える。

第5学年 読解科

住んでみたいな○○県

授業者　久保田和明

● 単元構想

　本単元では統計資料等を用いてさまざまな情報を収集し，1つ1つの情報からわかることだけではなく，複数の情報をまとめて考えるとどのようなことが言えるのか総合して考えながら自分の結論を構築していくことをねらいとしている。

　社会科や理科の授業等を通じて子どもたちはさまざまな資料と出合ってきた。その資料を読み取ることで新しい事実を見つけたり，事象の因果関係について考えたりすることができた。そして，単一の資料だけではなく，複数の資料を用いて比較したり関連づけたりしながら事実を追求したり新しい考えを構築した。さらに，読解科においても各学年において比較したり推論したりする学習を展開してきた。

　5年生になり，子どもたちの思考活動がますます活発になってきていると感じてきている。一方で，複数の資料を用いながらも全体をまとめて考えることがまだ十分にできていない傾向がみられた。さまざまな情報を資料から抽出し，全体として「まとめると」や「つまり」などという言葉で考えをまとめるということが今後よりできてほしいと感じ，単元を構成した。

　そこで，本単元では多数の資料から情報を収集し，1つ1つからわかったことだけでは結論を出すことができない課題や状況を設定した。そして，すべての情報を加味して考えなければ，課題に対する結論が十分導き出せないことを子どもたちがとらえられるようにしていった。

　ここで培った力を教科の枠組みを越え，さまざまな場面で事実から分析・構造化してどのようなことを言うことができるのか，考えを構築するときに生かしたい。そして，自らその意見を述べることができるような子どもたちに成長していってほしいと願っている。

● 単元計画

1	どのようなところに住みたいかイメージを広げ，住みたい場所をさまざまな情報をもとに考えるという学習計画を立てる。
2	幸福度ランキング上位の都道府県がなぜ上位に位置しているのか理由を調べる。
3（本時）	自分のテーマに沿って住みたい都道府県を資料をもとに考えをまとめる。

🌸 教科横断でめざす資質・能力の育成

　本単元では，複数の情報をまとめて考えるとどのような事が言えるのか分析し，構造化して考えながら自分の結論を構築していくことができる資質・能力をめざした。

第1時　さまざまな場所の写真から考える

順位	予想	結果
1位	佐賀県	福井県
2位	東京都	富山県
3位	沖縄県	石川県

第2時　テーマごとの統計資料をもとに考える

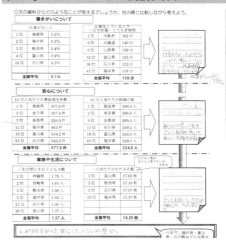

第3時　自分のテーマに合った統計資料を分析・構造化する

	犯罪件数が少ない		コンビニエンスストア数が多い		自然災害の被害額が少ない		医師の割合が多い		1 km²に鉄道が走っている長さが長い		1 km²にある森林が多い
1	島根県	1	北海道	1	福井県	1	東京都	1	東京都	1	高知県
2	秋田県	2	東京都	2	神奈川県	2	福岡県	2	大阪府	2	岐阜県
3	山形県	3	宮城県	3	東京都	3	大阪府	3	神奈川県	3	島根県
4	鳥取県	4	佐賀県	4	大阪府	4	埼玉県	4	埼玉県	4	長野県
5	徳島県	5	熊本県	5	岡山県	5	神奈川県	5	愛知県	5	山梨県
6	福井県	6	茨城県	6	埼玉県	6	愛知県	6	千葉県	6	奈良県
7	高知県	7	山梨県	7	山梨県	7	石川県	7	福岡県	7	和歌山県
8	岩手県	8	富山県	8	広島県	8	栃木県	8	京都府	8	岩手県
9	青森県	9	鹿児島県	9	兵庫県	9	千葉県	9	山口県	9	宮崎県
10	佐賀県	10	栃木県	10	滋賀県	10	長崎県	10	兵庫県	10	徳島県
38	北海道	38	三重県	38	宮崎県	38	秋田県	38	岐阜県	38	沖縄県
39	茨城県	39	兵庫県	39	三重県	38	高知県	39	山形県	39	佐賀県
40	兵庫県	40	鳥取県	40	鹿児島県	38	新潟県	40	秋田県	40	福岡県
41	福岡県	41	徳島県	41	岐阜県	38	滋賀県	41	山梨県	41	愛知県
42	神奈川県	42	山口県	42	愛知県	38	山形県	42	鹿児島県	42	神奈川県
43	埼玉県	43	高知県	43	青森県	43	岐阜県	43	石川県	43	東京都
44	千葉県	44	大分県	44	富山県	43	福島県	44	高知県	44	埼玉県
45	東京都	45	奈良県	45	新潟県	43	青森県	45	宮崎県	45	千葉県
46	大阪府	46	島根県	46	岩手県	46	岩手県	46	北海道	46	茨城県
47	愛知県	47	和歌山県	47	宮城県	47	島根県	47	沖縄県	47	大阪府

　　最も 自然が豊か な都道府県は 山梨県 である。

☆ここで生かす思考操作・思考ツール

　本単元では，多数の資料から収集した情報を分析・構造化し，自分の考えを再構築していくことを思考操作の中心とした。構造化とは，複数の事柄の関係を構成することである。

● 本時（3／全3時間）

めあて さまざまな資料を総合し，それぞれのテーマに沿って自分が最も住みたい都道府県を考えることができるようにする。＜記述力＞

学習形態	学習内容・活動	○支援　◇留意点
全　体	1. 本時の学習のめあてと学習の進め方を確認する。 　テーマに沿って住みたい都道府県はどこか考えをまとめよう。	◇前時にさまざまな情報を総合して考えたことを振り返ることで，1つの情報だけで結論を出すのではないことを意識できるようにする。 ○側面掲示で前時の学習を視覚的に振り返ることができるようにする。
個　人	2. 安全性，利便性，自然が豊かなどそれぞれのテーマごとにグループ分けし，自分の住みたい都道府県はどこか調べる。 ・交通事故があまり起きていないのはどの県かな。 ・この視点では1位だけどほかの視点ではどうなっているかな。	◇すぐに資料を選択して自分の考えを記述することができるようにするため，あらかじめ資料を側面掲示しておく。
グループ	3. テーマごとにどの都道府県を選んだのか，根拠の妥当性について話し合う。 ・コンビニエンスストアが多い県は○○県でしたが，2位の△△県のほうが交通の便がよかったので△△県にしました。 ・◇◇の視点で見ると△△県より□□県のほうがよいのではないか。	○同じテーマで話し合うことで，共通した資料を中心に話し合いやすくできるようにする。
全　体	4. 別のテーマの意見についてその妥当性を全体で話し合う。 ・安全な都道府県で考えてみると，□□県が最も住みやすい県だと考えました。交通事故の件数は一番少ないというわけではないですが，全体的に少なく，◇◇という視点があり，総合して□□県が最も住みやすいと考えました。 ・●グループの意見より■グループの意見のほうが，さまざまな視点から理由をまとめているから納得できるな。	○各テーマのグループごとにまとめた考えを聞き，その考えに順位をつける活動を通じて，評価の理由を示すことで考えの妥当性が検証できるようにする。 ◇資料を拡大して提示し，それぞれの考えを説明しやすくする。
個　人	5. 学習を振り返り，自己評価する。 ・いろいろな情報があったけれど，自分のテーマにあった住みやすい都道府県を選ぶことができてよかったな。 ・1つの情報だけでなくいろいろな視点で考えなければ選ぶことはできなかったからこれからも大切にしていきたいな。	◇資料を総合して考えるという視点をふまえてまとめるように声かけをする。

● 授業の様子

1. 課題把握 ～テーマに沿って住みたい都道府県はどこか考えをまとめよう～

導入では，これまでのこの単元の学習を振り返り，掲示してある学習計画にふれるとともに本時の学習内容を確認した。

2. 個人学習 ～テーマを決め，自分の住みたい都道府県を調べる～

まず，「安全性」「利便性」「自然が豊か」の3つのテーマから自分のテーマを1つ決めた。そして，そのテーマに照らし合わせ，どこが一番住みやすいのかを考えていった。6つの統計資料の中から，自分のテーマの考えのもととなる資料を取捨選択しなければならないが，前時に行った「総合」という考え方を生かして，子どもたちは必要な情報を取捨選択しながら考えを作ることができた。

3. グループ学習 ～意見をより明確にまとめる～

テーマごとにグループを作り，住みたい都道府県として一番妥当性があるのはどこかという話し合いを行った。そうすることで，複数の資料についての読み取りや使い方についても話し合うことができた。

一番便利な都道府県はコンビニエンスストアが多い●●県だと思う。

鉄道が多く走っていると移動に便利だから，この情報も加えて考えたほうがいいよ。

4. 全体学習 ～テーマの意見についてその妥当性を全体で話し合う～

テーマごとに複数のグループができたので，全体でどのグループの意見が納得できるかを話し合った。意見が同じでも複数の資料をもとにしているものとそうでないものとでは説得力に差があることを確認することができた。

5. 学習の振り返り

単元の最後の時間ということで，いろいろな資料を使って考えをつくることについてどうか振り返るようにした。説得力のある意見をつくるためには，1つの資料からわかる情報だけではなく，複数の資料からさまざまな情報を取り出して考える必要があることに気づくことができた。

実践を終えて

本題材は，資料を分析しながら構造化するという思考操作を行い，自分の考えをつくる学習である。普段から何気なく資料からわかったことをもとに考えをつくってきたが，改めて総合という思考操作について考えることができた。他教科でも新しい考えを構築するという思考操作を生かしてほしいと考える。

第1学年　読解科

かんばんって なあんだ

授業者　兒玉由希子

● 単元構想

　本単元では，複数の看板を見比べて特徴を見つけ，看板は見る人に情報を伝えているということに気づくことができるようにすることをねらいとしている。看板は，子どもたちにとって目にする機会が多いと考えられるが，その特徴にはどのようなものがあるかや，見る人に情報を伝える役割があるということについては意識したことはないと思われる。そこで，本単元では，複数の看板を比較することで，看板の特徴や役割について考えることとした。本単元では，看板の特徴を「お店に関係のある文字や絵・写真があるもの」とする。また，その役割を「見る人にお店の名前や売っているもの，場所がわかるようにすること」とし，この特徴と役割をとらえられるようにしていった。

　今回学習する「かんばんって なあんだ」では，1時間目に複数の看板の写真を提示し，お気に入りの看板を1つ選び交流することで，さまざまな角度から看板を見て，看板に興味・関心がもてるようにする。また，全体交流では，選択しなかった看板のお気に入りの部分を自分の選んだ看板と比較して聞くようにし，看板にはおもしろいところや工夫がたくさんあるということに気づくことができるようにした。

　2時間目には，3枚の看板の写真を比較し，看板の構成要素を考えた。複数の看板を比較することで同じ部分を見つけることは，これまでの学習でも行ってきたため，比較的容易に見つけることができると考える。比較によって看板の構成要素を見つけた後は，看板があるとどんなよいことがあるのかを考える。そして，商店街で看板がたくさん使われている写真を見ることで，看板の役割についても気づくようにしていきたいと考えた。

● 単元計画

1 （本時）	さまざまな視点から看板を見ることで，看板のおもしろさに気づき，看板の特徴を見つけるという学習の見通しをもつ。
2	複数の看板を比較し，看板の構成要素を見つけ，看板の特徴と役割を考える。

🌸 教科横断でめざす資質・能力の育成

　本単元では，複数の看板を比較し，看板の特徴や役割について考えることで，実生活で目にする看板についても自分でその特徴や役割をとらえることができる資質・能力の育成をめざした。

第1時　お気に入りの看板を選ぶ

　資料は校区内にあり，子どもたちがお気に入りの部分を見つけられそうな看板を選んだ。

第2時　看板を比較する

　店に関係のある絵が描いてあるものを選ぶことで，看板の特徴と役割を考えられるようにした。

　この学習は，1年生国語科「ものの　名まえ（おみせやさんごっこを　しよう）」の学習，2年生生活科「なかよし　いっぱい　大さくせん」の学習につながっていく。どちらの学習でも，お店や各教室の名前や絵がかいた看板を作る。その際，看板の構成を考えながら自分たちで作っていけると考えている。

　また，2年生では生活科の学習で校区探検にも出かける。お店がたくさんある地域であり，看板があることで，探検する際にお店を探すヒントになると考えられる。地域にも目を向けさせていきたい。

☆ここで生かす思考操作・思考ツール

　ここでは，複数の看板を比較することで，共通点や相違点を見つけ，看板の特徴をとらえやすくする。

● 本時（1／全2時間）

めあて：お気に入りの看板の理由を交流することで看板のおもしろさに気づき，看板の特徴と役割を見つけるという学習の見通しをもつことができるようにする。　＜コミュニケーション力＞

学習形態	学習内容・活動	○支援　◇留意点
全　体	1.　本時の学習のめあてと学習の進め方を確認する。 　お気に入りのかんばんをえらんで，りゆうをつたえあおう。	◇お楽しみ会で行うお店屋さんごっこに向けて自分のお店の看板を作ることを知らせ，看板について学習するという見通しがもてるようにする。
個　人	2.　複数の看板を提示し，その中から自分が一番気に入った看板を選び，その理由を書く。 ・わたしは，②の看板がお気に入りだな。字の周りにかわいい絵が描いてあって，プレゼントみたいに見えるよ。 ・ぼくは④の看板がお気に入りだな。看板の形が虎になっていておもしろいよ。	○形や色，絵，文字の形などが工夫されている看板の写真を複数用意することで，お気に入りの看板を選びやすくするようにする。 ◇お店の内容や中身で選ぶのではなく，看板の見た目でお気に入りを見つけることを伝える。 ○お気に入り矢印を書き込むことで，お気に入りの理由を見つけることができるようにする。
グループ	3.　選択した看板と，その理由について，同じ看板を選んだグループで交流する。 ・④の看板がお気に入りの理由は，形が虎の形になっていてかっこいいからです。 ・私も，○○さんと同じで，虎の形が本物みたいなのでお気に入りです。 ・ぼくは，形もかっこいいなと思ったけど，字が筆で書いたみたいな字になっていておしゃれなところがお気に入りです。	○グループでお気に入りの理由を交流することで，同じ看板をさまざまな視点で見ることができるようにする。
全　体	4.　ほかの看板を選んだグループの意見を聞き，どんな理由で看板を選んだのかを知る。 ・ぼくたちがお気に入りなのは，②の看板です。看板の形がおしゃれだし，絵がプレゼントみたいで，いいなと思いました。	○ほかのグループの意見を聞くことで，多様な意見にふれることができるようにする。 ◇選択しなかった看板を選んだ友達の理由を聞くように声をかける。
個　人	5.　今日の学習の振り返りをする。	◇第2時では看板に書かれている内容とその役割について考えるということを伝えておく。 ○書き出しを与えることで，めあてに沿った振り返りを書くことができるようにする。

● 授業の様子

1.　課題把握　～お気に入りの看板を選ぶ～

　導入では，校区内にある看板の写真を複数提示し，お気に入りの看板を見つけさせた。子どもたちが見たことのある看板も多く，看板に興味をもたせることができた。複数の看板の写真

を用意しておくことで，子どもがそれぞれの好みにあった看板を選択することができた。

2.　個人学習　～お気に入りの理由を矢印で書く～

　お気に入りの看板が印刷してあるワークシー

トを1人ずつ選び，お気に入りの理由を矢印で書きこんだ。絵，配色，文字の形，看板の形，素材など，さまざまなところに着目し，理由を書く姿が見られた。

3. グループ学習 ～選んだ看板のお気に入りの理由を同じ看板を選んだ友達同士で発表～

同じ看板を選んだ友達同士でお気に入りの理由を発表した。グループでお気に入りの理由を交流することで，同じ看板をさまざまな視点で見ることができるようにした。自分では気づかなかったよさに気づくことができ，「ここには気づかなかったけど，たしかにいいな」などと話していた。

4. 全体学習 ～ほかの看板を選んだグループの意見を聞く～

全体学習では，グループの代表が自分たちの選んだ看板のよさを発表し，さまざまな看板の特徴にふれられるようにした。聞いている子どもからは，「そうそう，そこは僕も気に入ったところ。その看板にするか迷ったんだよなあ」などと共感する声があがった。

5. 学習の振り返り

4月より，学習の振り返りを書く際にはめあてを確認し，めあてに沿って学習を振り返ることができるように書き出しを全員で考えて書くようにしてきた。

今回は，「お気に入りのかんばんをえらんでりゆうをつたえあいました」という書き出しを

書かせ，さらに，同じ看板を選んだ友達同士のグループで話し合ってどうだったか，ほかの看板を選んだ友達の意見を聞いてどんなことを考えたかという視点を与え，振り返りを書くようにした。

実践を終えて

2年生の子どもにとっては，看板の特徴や役割を考えることはとても高度で難しいことであるが，第1時に看板のお気に入りの部分を探すことで，自然と看板の文字や絵などに注目し，楽しく学習することができた。そのため，第2時の，3つの看板を比較して特徴を探す際にも，比較的簡単に看板には字や絵などお店の特徴を表すものがかいてあるという構成用素を見つけることができた。

2年生の子どもにとっては，無理なく発達段階に応じた学習ができたと感じている。学習後，お楽しみ会でおみせやさんごっこをした際にも看板は作ったが，後期の国語科「おみせやさんごっこをしよう」の学習では，子どもから「お店の看板を作ろう！」と提案があり，それぞれのグループごとに自分たちのお店の看板を作った。

その際には，読解ファイルを見返し，看板の構成要素を振り返りながら丁寧に看板を作る姿が見られた。「授業の後，いろいろな看板を見てたら食べ物の写真が載っている看板もあったよ。わかりやすいなと思ったよ」という声や，「魚屋さんの看板は，お店の名前を魚の絵で囲んであったよ」などという声があがり，お楽しみ会での看板作りの際にはまだ気づけなかった工夫も取り入れて看板を作る姿が見られた。日々の生活の中で看板がどのような役割をするのか改めて考えられ，実生活に結びつけて学習することができた。

第2学年　読解科

ポスターの ひみつ はっけん

授業者　片山侑美

● 単元構想

　本単元では，ポスターの特性について知り，ポスターに必要な構成要素をとらえたり，ポスターにおける表現の工夫を見つけたりすることができるようになることをねらいとしている。ポスターとは，平面形式をもつ掲示用宣伝媒体の1つである。ポスターの特性は，位置の選択が可能なこと，大きさと色彩により目立つこと，貼りつけ期間が長く繰り返して見られること，絵画的・図案的・写真的表現による訴求効果が大きいことなどである。

　ポスターは学校行事や学級の係活動，また公共施設等で目にする機会が多いと考えられる。しかし，子どもたちはポスターを目にすることはあるものの，その特徴や，不特定多数の人に情報を伝える役割があることについては意識していないように思われる。そこで，複数のポスターを比較することで，ポスターの特徴や役割について考えることができるようにと考えた。

　本単元では，導入として「お米フェスティバル」のお知らせポスターを作るという目的をもち，どのようなポスターを作れば，見やすくわかりやすいものになるかを学習する。ポスターは，商業・公共・政治・教化・観光・芸能などの目的で作られるが，本単元ではこれらのうち，子どもたちに身近な運動会のようなポスターを用いるようにし，比べながらテキストの分析を進めていく。テキストを比較する活動については，2年生の読解科「くらべて　えらんで　せつ明しよう」の単元で行っている。比較するという活動は，相違点を見つけられることを理解できるようにするものであり，本単元の学習につながる重要な学習であった。本単元でも，ポスターとチラシを比較することでポスターの特性を見つけたり，ポスター同士を比較して構成要素を見つけたりし，これまでに培った力を生かしながら，学習を展開していきたいと考えた。

● 単元計画

1	ポスターとチラシを見て，それぞれのよさを考え，ポスターの特性を知り，「お米フェスティバル」のお知らせポスターを作るという学習の見通しをもつ。
2 (本時)	4枚の「お知らせポスター」を見比べて構成要素を調べ，「お知らせポスター」にどのようなことを書けばよいのか考える。
3	「お知らせポスター」の表現の工夫を調べ，「お米フェスティバル」のポスターを作るときに，どのようなことに気をつければいいかをまとめる。

✿ 教科横断でめざす資質・能力の育成

　本単元は，2年生の生活科「お米大すき」の単元と関連して進めていく。本校では毎年，2年生が山科にある校外学校園でお米作りに取り組んでいる。苗植え・かかし立て・稲刈り・脱穀籾摺り・餅つきと，1年間かけてお米を育て，その生長を見守っていく。毎年その成果を1年生に向けて，説明することを柱とした「お米フェスティバル」が年度末に行われる。そこで，「お米フェスティバル」を1年生に知らせる際に，わくわくするようなポスターを作り，1年生を招待することを単元のゴールに設定して，学習を進めた。これまでに培った比較する思考操作を取り入れ，ポスターの構成要素に気づき，自分たちのポスターを豊かに表現できる資質・能力の育成をめざした。

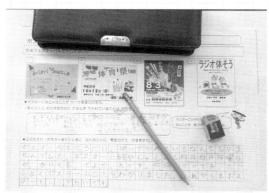

グループで出たポスターに必要な構成要素をカードにまとめて整理しながら全体交流を行った。

　子どもたちは，今までにも学級活動の中で，ポスターを作って知らせることがあった。ポスター作りを楽しんで行っているものの，大切な内容を周知するためのポスターを作るということに関しては課題が見られた。

　今後，ポスター作りは係活動だけでなく，教科等での学習，学校行事などさまざまな場面で必要になる。そこで，普段あまり気をつけて見ていないポスターについて，どのような目的で作られているのか，見やすくわかりやすいポスターにどのような工夫がされているのかについて学習を進めていくこととした。

☆ここで生かす思考操作・思考ツール

　本単元では，ポスター作りにも生きる表現力を育てる学習として複数のポスターを比較し，情報を取り出したり，整理したりするという思考操作を取り入れた。

● 本時（2／全３時間）

めあて：4枚のポスターを見比べて，ポスターに必要な構成要素をとらえることができるようにする。＜情報活用力＞

学習形態	学習内容・活動	○支援　◇留意点
全　体	1. 本時のめあてと学習の進め方を確認する。 **お米フェスティバルを知らせるには？ ～ポスターに書くことを見つけよう～**	○単元の学習計画と本時の流れを掲示しておくことで，見通しをもって学習に取り組めるようにする。
個　人	2. 4枚のお知らせポスターをもとに，ポスターの構成要素について気づいたことを書く。 ・どんなことをするのかの行事の名前が書かれているね（題名）。 ・どのポスターにもいつするのかが書かれているね（日時）。 ・どこでするのか場所が書かれているよ（場所）。 ・絵や写真が載っているよ（絵・写真）。 ・おすすめの言葉が書かれているね。	○4枚の「お知らせポスター」を個人のワークシートに載せることで，色・絵や地図の大きさ・文字の大きさなどをじっくりと見ることができるようにする。 ◇学習が進みにくい子どもには，「どのポスターにもお知らせしていることはあるかな」と声かけをして，ポスターの構成要素に着目できるようにする。
グループ	3. 気づいたポスターの構成要素をグループで交流し，グループの意見として発表用カードにまとめる。 ・日時は4枚ともに書かれているから大事なんじゃないかな。 ・だれがこのポスターをかいたか小さく書かれているよ。	○日時や場所など構成要素の1つを全体で示すことで，話し合う視点を明確にし，話し合いが活発になるようにする。 ◇発表用カードを用意することで，グループの意見を書き込めるようにする。
全　体	4. グループで交流したことを全体で整理し，お知らせポスターにはどのようなことを書けばよいのかまとめる。 ・グループで出た意見は，4つのポスターすべてに時間が書かれているから，日時は必ず書かないといけないと思います。 ・何をするのかがわかるような写真や絵をかけばいいと思います。 ・書く場所があれば，一言メッセージを書けばいいと思います。	○ほかの意見を聞くことで，新たな視点に気づくことができるようにする。 ◇発表用カードを黒板に掲示することで，グループの意見を比較できるようにする。
個　人	5. 本時の学習を振り返り，今後「お米フェスティバルのお知らせポスター」を作るうえで，大切にしたいことをまとめる。 　ポスターをかくときには，色は目立つ色を使い，絵や地図や文字は大きくかきたいです。 ・絵や地図を大きくかき，文字ははっきりと遠くからでもわかるように書きたいです。	○側面掲示や前時までのワークシートを振り返るよう助言することで，単元を通しての考えを書くことができるようにする。

● 授業の様子

1. 課題把握 ～ポスターに書くことを見つけよう～

　導入では，生活科「お米大すき」の学習で1年生に「お知らせポスター」を作るために，見やすいポスターを作ろうと意欲づけを行った。

　そして，ポスターを作るために大切なことはどのようなことなのか，いろいろなポスターを見ながら考え，学習の見通しをもたせた。前時の学習内容を掲示しておくことで，本時の課題把握にもつながった。

2. 個人学習 ～気づいた構成要素を書く～

　児童が見やすいように，4枚のポスターを載せたワークシートを用意した。

　テキストとして用意したポスターは，子どもにとって身近な行事である，ラジオ体操や，体育祭等の実際に使われていたポスターを中心に扱った。種類の違うポスター同士を取り上げることで，人に何かを伝えることを目的としたポスター（お知らせポスター）の構成要素を調べていくことをねらいとした。子どもによっては，構成要素の1つである日時を「日付」や「何月何日」というように，表現していた。しかし，4枚のポスターに書かれている構成要素をおおむね把握することができた。

3. グループ学習 ～気づいた構成要素をまとめる～

　ワークシートに記述したことをもとに，グループで，意見を整理した。カードにグループでまとまった意見を書くように指示したために，観点の名前をどうするかを考える話し合いになってしまった。

　本来であれば，ポスターの中の構成要素に着目し，個人学習では気づいていなかった構成要素に気づく時間としたかったが，個人学習で，4枚のポスターに書かれている構成要素をおお

むね把握することができてしまったがゆえの課題であると考えられる。ポスターに書かれている構成要素の数をもう少し複雑にしてもよかったのかもしれない。

4. 全体学習 ～構成要素を全体で交流する～

　グループ交流で見つけたポスターの構成要素を発表し，お知らせポスターにはどのようなことを書けばよいか，全体で交流ができた。4枚のポスターの中から見つけた構成要素をもとに，自分たちが作るポスターにはどんなことを書けばよいかを発展的に考えることもできた。

5. 学習の振り返り

　交流をもとに，お米フェスティバルに向けてお知らせポスターを作ることに意欲をみせる子どもたちの姿が多く見られた。

■ 実践を終えて ■

　本題材は，クロスカリキュラムを意識し，生活科「お米大すき」と密接に関連しながら進めていく学習である。「お米フェスティバルを成功させたい」と，意欲を高めながら，本題材に向かうことができた。

　ポスターの構成要素についてただ知るだけではなく，実際に自分たちも作るという学習の出口があるからこそ，本時のねらいにつながったのではないかと考える。

　教科横断的な学習を意識することで，関連している教科学習の発展にもつながると考える。

第5学年　読解科

これで納得!!　説明の秘密

授業者　久保田和明

● 単元構想

　本単元では，自分の主張を示す際には，まず自分の考えを表す「主張」，次にその主張の裏づけとなる「根拠」，最後にわかった事実から主張に至るまでの「理由」の3つがそろうことで説得力を増すと同時に，相手に対してわかりやすく説明できることをとらえることをねらいとしている。

　5年生では，自分の考えを書き表す場面が多い。これまでの学習の積み重ねもあり，考えを書くことに抵抗がある子どもは少ない。しかし，自分の考えを明確に伝えるように書ける子どもはまだまだ少ない。そこで，自分の考えを適切に表現できるようにしていきたいと考え，本単元を設定した。この単元を通して，考えを表すときにはまず自分の主張を明らかにし，その主張の根拠となる点と，その根拠からどのような理由で自分の主張につながるのかを明示するこ

とで，わかりやすく明確に伝えられることを実感してほしい。

　これまでの読解科では，マッピングを用いて自分の考えを広げるだけでなく，自分の課題に到達すべきプロセスを見いだせることを学んできた。その際に，自分の考えを広げられる子どもがいる一方で，まだまだ自分から主体的に学習に向かえない子どももいた。自分の考えを書くことはできるが，その考えが一文で終わったり，根拠や理由がまったくないものであったりし，説得力がないことが多かった。そこで，本単元を通して，自分の考えを明確に相手に伝えるとともに，その内容に説得力をもたせ，互いの考えを深く交流できるようにしていきたいと考えた。

● 単元計画

1 （本時）	考えを説明する文にはどのような特徴があり，適切に表現するためには何が必要なのかという学習課題を把握し，学習の見通しをもつ。
2	社会の考えを説明する文を比較し，説得力のある考えを説明する文を書くための要点をまとめる。

✿ 教科横断でめざす資質・能力の育成

　本単元では，考えを説明するときに，より納得できるものはどのようなものかということを考える。ここでは，自分の考えに説得力をもたせて相手に明確に伝える資質・能力の育成をめざした。

第1時　理科「天気の変化」と関連させた資料を比較し，説明に必要な構成を考える

《問題》地図を使うときはどのようなことを考えて使うことが大切だと考えられるでしょう。

①僕は地図を使います。なぜなら地図が好きだからです。地図を見るときは方角や距離を考えて使っているので，これからもそのことを大事にしながら使っていきたいと思います。

②地図はいろいろなことを考えて使うことが大切です。この地図ではオーストラリアの面積がグリーンランドより小さくなっています。南極大陸も本当の面積よりも大きくなっているし形もおかしくなっています。

③地図は様々なことを考えて使うことが大切です。この地図ではオーストラリアがグリーンランドよりも小さいですが地球儀ではオーストラリアの方が面積が大きいのが分かります。つまり，地図はかいてあることが全て正確ではないといえるからです。

④本当はグリーンランドの面積はオーストラリアの面積よりも小さいはずです。だから地図は必ずしも正しいとは言えないと思います。

⑤地図は様々なことを考えて使うことが大切です。地図ではオーストラリアがグリーンランドよりも面積が小さくなっています。でも本当はオーストラリアの方が大きいです。グリーンランドの方が小さいです。

　理科では，資料をもとに天気を予想した文章をテキストにした。実際に自分たちが住んでいる「京都市の天気」を予想するという課題に答えている文章である。よくわかるように説明している文のほかに，ただ単にあてずっぽうで予想しているものや，説明が不十分なもの，説明はできているが答えがないものなどを提示した。

第2時　社会科「世界の中の国土」と関連させた資料からよりよい説明の特徴をつかむ

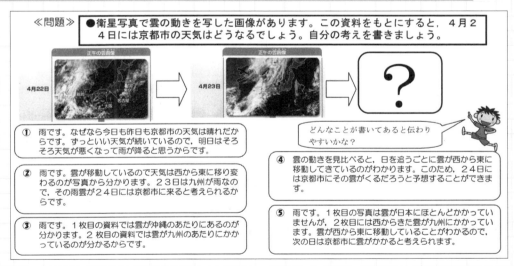

《問題》●衛星写真で雲の動きを写した画像があります。この資料をもとにすると，4月24日には京都市の天気はどうなるでしょう。自分の考えを書きましょう。

①　雨です。なぜなら今日も昨日も京都市の天気は晴れだからです。ずっといい天気が続いているので，明日はそろそろ天気が悪くなって雨が降ると思うからです。

②　雨です。雲が移動しているので天気は西から東に移り変わるのが写真から分かります。23日は九州が雨なので，その雨雲が24日には京都市に来ると考えられるからです。

③　雨です。1枚目の資料では雲が沖縄のあたりにあるのが分かります。2枚目の資料では雲が九州のあたりにかかっているのが分かるからです。

どんなことが書いてあると伝わりやすいかな？

④　雲の動きを見比べると，日を追うごとに雲が西から東に移動してきているのがわかります。このため，24日には京都市にその雲がくるだろうと予想することができます。

⑤　雨です。1枚目の写真は雲が日本にほとんどかかっていませんが，2枚目には西からきた雲が九州にかかっています。雲が西から東に移動していることがわかるので，次の日は京都市に雲がかかると考えられます。

　社会科でも同じように説明する文章を用意した。これらを分類し，分析していく中で，子どもたちはよりよい説明の特徴をまとめていった。

☆ここで生かす思考操作・思考ツール

　ここでは，複数のテキストから情報を取り出し，目的や条件に合わせて根拠や理由のある考えについて知り，説得力のある考えを説明するための文を書くことの要点をまとめることを行った。

● 本時（1／全2時間）

めあて：自分の主張を適切に相手に伝え，説得力を高めるためにはどのようなことが大切か，お互いの考えを交流し，意見を広げたり深めたりできるようにする。＜コミュニケーション力＞

学習形態	学習内容・活動	○支援　◇留意点
全　体	1．本時の学習のめあてと学習の進め方を確認する。 理科での考えを説明する文を比べ，納得できる考えを表す文にはどのような特徴があるかを話し合おう。	◇ホワイトボードに資料を掲示して確認しながら話し合いを進めることができるようにする。
個　人	2．理科での考えを説明する文を比較し，どのような文がより納得できるのか考える。 ・読み取ったことは正しいけれどわかったことしか書いてない。 ・自分の感想を書いているだけでは考えを表すとはいえないな。	○内容の正しさではなく，書き方の正しさに焦点を当てて考えるように助言することで，説明文の構成について考えられるようにする。
グループ	3．個人で読み取ったことをもとに説明の文を分類し，なぜそう分けたのか考える。 ・よく伝わると感じた文はみんな同じように選んでいるね。 ・雲画像からわかったことを書いてあるから説得力がある文だね。 ・根拠が書いてあることとあと何が必要なのかな？ ・考えがないと何がいいたいのかわからないね。	◇グループで意見をまとめるようにすることで分類の理由を深く話せるようにする。 ○話し合いの仕方を示すことでスムーズに話し合いができるようにする。
全　体	4．グループで出た意見をもとに全体で考えをまとめる。 ・自分の考えがどこからわかったか，根拠を書いているのがよく伝わる文であるという意見が出ました。 ・雲画像からわかることをもとに，理由をつけて考えを説明しているとわかりやすいです。 ・わかったことから考えたことを書いてある説明の文は一番説得力がありました。	○色のついた番号カードを黒板に貼ることで，各グループがどのように分類したのかを視覚的にわかりやすくする。 ◇全グループが納得できるものに分類したものから話を始めることで，話の論点がずれないようにする。
個　人	5．考えが伝わりやすい文にはどんなことが大切なのかをまとめる。 ・資料からわかったことをもとに，理由をつけて考えを書くと相手に伝わりやすい文になる。 ・伝わりやすい文に必要なものは，結果や結論，資料からわかること，そして資料からわかることの結果や結論をつなぐ理由である。	○取りかかりにくい子どもには板書にある言葉をキーワードとして示すことで，まとめられるようにする。
個　人	6．まとめを交流し，理科以外でも考えを説明する文には，こういった特徴があるのかどうかという学習課題を把握し，次時の学習の見通しをもつ。 ・どんなときでも考えを伝えるときには，理由がいると思う。 ・算数でも「なぜそう考えたのか」が大切だ。 ・ほかの教科の考えを説明した文でも確かめたい。	○これまでの自分の学習を振り返り，考えをどのように書いてきたのかを振り返ることで，今後にどのように生かすのかを書けるようにする。

● 授業の様子

1. 課題把握 ～納得できる考えを表す文にはどのような特徴があるかを話し合う～

導入では、これまでに自分の考えを発表したときに、人に納得してもらえたかどうかを話し合った。うまく納得してもらえたことや納得してもらえなかったことを振り返り、本時の学習につなげた。

2. 個人学習 ～説明する文を比較し、どの文がより納得できるのか考える～

考えを説明した5つの文章を「もう一歩」「納得できる」の2つに分類し、理由を書いた。2つに分類することでなぜそうなのかという理由を書きやすくするためである。

3. グループ学習 ～話し合って意見をまとめる～

グループでどれが納得できて、どれがもう一歩なのかをまとめた。グループでまとめることで、なぜそう考えたのかという理由の交流を活発にすることができた。しかし、話し合ってもグループではまとまらないものも出てきた。

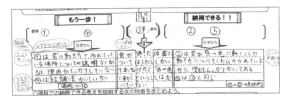

4. 全体学習 ～全体で意見をまとめる～

グループに資料の番号カードを渡し、まとめた意見を「もう一歩」「納得できる」の表に貼るようにした。そうすることで、一目で分類の傾向をつかむことができた。全体で交流するとき

は、どのグループも一致しているものから交流した。意見が出やすく、みんなでなぜそちらに分類したのか納得しながら進めるためである。

意見が出てくる中で「答え」「資料からわかること」「わかることから考えたこと」の3つの部分の色を変えて下線を引いた。「納得できる」に分類している説明には、3色すべての色があることを確認することができた。

5. 学習の振り返り

振り返りには、話し合いをして考えが変わったことや深まったことを書いた。めあてを「話し合いをしよう」とし、自分の話し合いについても振り返ってほしいと考えたためである。

最初わからなかったことも、みんなで話し合うことでわかったり、学習が深まったりしていくことに改めて気づき、話し合いの大切さを感じることができた。

実践を終えて

説明する文について考えた。テキストを分類することを通して、納得できる文章の特徴に気づくことができた。そして、「【答え】【資料からわかったこと】【わかったことから考えたこと】の3つを書くことが大切」と子どもたちの言葉でまとめることができた。

ここで学習したことを、各教科の中で考えを伝える文を書く場面で生かしてほしい。

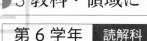

第6学年 読解科

広がる 広げる わたしの見方・考え方

授業者　嶋田 宰

単元構想

　本単元では，批評について学習する。批評とは，ある意見に対して否定的な見方をし，その意見に対して欠点探しをすることと誤認されることがある。しかし，批評とは本来，事象に対して分析を通し，根拠や理由を挙げながら論理的に評価し，論じたものである。それゆえ，批評には肯定的にとらえられた批評もあれば否定的な批評もある。根拠や理由を明確にしないで述べたものは印象批評といい，感想に近いものとなる。ここでは根拠や理由を明確にして論じる客観批評について取り上げ，その客観批評を適切な視点で子どもたちが行うことができるようにしていく。

　6年生になり，言語面の発達やコミュニケーション力の高まりにより，自分の考えをしっかりもつことができるようになってきた子どもがとても多い。6年生の国語の学習では，読んだ物語の内容について自分なりに批評するということを行っていたり，学級討論会などでも相手の意見に対して批評したりする場面もあった。しかし，そのようなことを授業や普段の学校生活の中で行ってきているものの，客観批評として適切に他者の意見等について論じることができているかというと，まだまだ不十分である。

　これまでも根拠や理由を明示することの大切さは読解科の学習のみならず，他教科でも日々大切に指導してきていることではあるが，討論のように意見を主張するということになるとその意識が薄れてしまうことが見受けられる。そこで，本単元を設定することで適切な批評の力を身につけるとともに，自分の考えを根拠や理由を明確にしながら，説得力をもって伝えることができるようにしたいと考えた。

単元計画

帯	カードゲーム「ウノ」の記事を提示し，新カードについて内容の賛否について考える。
1（本時）	批評の意味をとらえどのように批評を行えばよいのかを考えるという学習の見通しをもつ。
2	批評を比較し，適切な批評はどのようにしたらよいのかを考える。
3	さまざまな分野の批評を比較し，批評の視点を理解する。

◆ 教科横断でめざす資質・能力の育成

本単元では，いろいろな批評を見比べて，考えをつくっていく学習であり，国語科の「学級討論会をしよう」や「『鳥獣戯画』を読む」などの単元と相互に関わり合う単元である。教科の枠を越えて，特別活動などで主体的に話し合うことができる資質・能力をめざした。

帯時間　ウノのカードの新聞記事

第2時　浦島太郎についての自作批評文

A
浦島太郎の話は私はきらいだ。カメがきらいなわたしにとって，カメの背中に乗るなんて考えたくもない。第一，なぜ浦島太郎がおじいさんにならなければならないのか意味がわからない。それに，どうせもらって帰るなら，私ならやっぱり宝石などの宝物がいい。中身もわからない玉手箱がお土産なんて，気持ち悪いし，なんかいやだ。だからこんな昔話を作った人にもし会えるなら，思い切り反論したい。どう考えてもこの話はきらいだ。

第1時　賛否両論の子どもたちの意見

●反対派の意見
① もともと面白くなるように会社が考えたルールなはずなのに，自分が勝手にルールを書いたら，みんなに面白いゲームではなくなると思うから。
② 「みんなでダンス」とかおもしろいけど，したくない人もいるかもしれないし，楽しいかもしれないけど，やはりどう考えてもよく考えると反対。
③ 何でもありは楽しくない。ずるいと思うから。
④ そんなカードがあると，みんな「すぐ勝つ」カードや「となりが負けるカード」を作るから，面白くなくなる。
⑤ このカードで，何となくけんかがおこりそうだから。
⑥ みんなで楽しめるカードを話し合えば，楽しくなるかもしれないが，人前の苦手な人がダンスを踊らされたり，今まで頑張ってカードを減らしてきたことが意味がなくなる。

B
浦島太郎は価値のあるお話だと考える。その理由は浦島太郎はカメを救ったことはよかったと思うが，それだけのお礼で3年間も一人で竜宮城で楽しむのはやりすぎだったと考えるからだ。自分だけ楽しんだ罰として，あの終わり方に共感できる。必ずしもよいことだけが昔話である必要はない。浦島太郎の話を聞くと，楽しみだけを求めてはいけないということを学ぶことができる。だからこそこの浦島太郎のお話の終わり方には価値があるのだ。

●賛成派の意見
① 世界中のファンから寄せられた中で一番多かった意見だから。それだけしたい人がいるということだから面白くなると思う。
② 今までのウノと違って盛り上がりそう。いろいろな種類のカードがあったら楽しい。
③ カードを決めるときに注意すればいいと思うからです。無理やり嫌なことを書いたりするのはよくないけど，カードの内容を話し合えば悪いようにはならないからです。
④ カードによっては楽しいことにもなると思うからです。たくさんあるカードの中で，いろいろなルールがあって，楽しみ方はさまざまだと思います。
⑤ 新しいルールが追加されて，ウノが今よりもっと楽しくなるから。
⑥ いつも負けている人もこのカードがあれば勝てるし，小さい子でも楽しめるから。

C
浦島太郎は昔話としてよくない話であると考える。理由はいくつかあるが，その一つはあの終わり方だ。なぜ浦島太郎はおじいさんにならなければならないのだろうか。実際，乙姫はおじいさんになることも伝えず玉手箱を手わたしている。これはお土産といってだましていることと同じになる。昔話を読んだり聞いたりするのは，多くは子どもである。子どもにこのようなだますことを当然とするような昔話は適切ではないと考えるので，よくない物語である。

☆ここで生かす思考操作・思考ツール

ここでは，友達の意見と自分の意見を分類・比較するだけでなく，共通点や相違点を協働的に話し合い，根拠や理由を明確にして，評価・批判するという思考操作を取り入れている。

● 本時（1／全3時間）

めあて：批評の意味をとらえ，批評の仕方を考えるという学習の見通しをもつことができる。
　　　　<課題設定力>

学習形態	学習内容・活動	○支援　◇留意点
全　　体	1．本時の目標を確認する。	○帯時間の振り返りをして，自分たちも批評をしていることを認識する。
	批評の意味をとらえ，批評の仕方を考えるという学習の見通しをもとう。	
個　　人	2．ウノの新カードについての賛成と反対の立場に立って，書いたものを分類し説得力のあるものと説得力のないものに分類する。 ・反対の立場でも，説得力のあるものがあるな。 ・同じ批評でも説得力のあるものと説得力のないものがあるなあ。	◇賛成と反対の立場で書いたものを交換し，説得力のあるものと説得力のないものとに分類し，その理由も考えるように声を掛ける。 ◇立場が違うが，説得力のあるものと説得力のないものになったのはなぜかを分析するようにする。
グループ	3．グループで分類した内容を共有する。 ・Aについては納得できない人が多いね。 ・Bは意見が分かれてしまっているなあ。 ・Cについて，反対の立場でも納得できてしまうね。	○自分の意見と友達の意見の共通点や相違点を話し合うように声をかけることで，お互いの意見を聞き合い，全体交流の練り上げにつなげやすくする。
全　　体	4．分類した結果を全体で交流する。 ・納得できるものに同じものがあるなあ。 ・○○さんの意見で，考え方が変わったよ。	○分類の結果だけを板書することで，全体の発表を整理しやすくする。 ○ほかの批評を読むことで，さまざまな種類の批評があることを理解できるようにする。
個　　人	5．今後，批評を書くためにはどのような学習が必要か，考える。	◇多くの人に納得してもらうためにどんなことがわかればよいかを考えるように声を掛ける。
個　　人	6．批評の方法を知るための学習課題を立てて次時の計画を立てる。 ・相手に納得してもらう批評にするための大切なことが知りたい。 ・さまざまな批評の特長が知りたい。	○相手がより納得する批評をするためにどうすればよいかを考えることで，学習課題につなげることのできるようにする。

● 授業の様子

1．課題把握 〜批評の意味をとらえ，批評の仕方を考えるという学習の見通しをもとう〜

　導入では，帯時間に行ったことを振り返り，自分たちが行ったことが批評であったことに気づき，その批評について学習していくという見通しをもてるようにした。身近なニュースを題材にすることで振り返りがスムーズに行えた。

2．個人学習 〜友達の批評を説得力のあるものとないものとに分類する〜

　反対の立場の批評についての分類に取り組むことで，客観的に納得がいくものといかないものに分類しやすくした。子どもたちは，次の活動でグループで話し合うことを見通しているので，なぜ納得できるのか，また納得できないのかを，具体的に理由を考えながら取り組むことができた。

3. グループ学習 ～分類した内容を共有し，話し合う～

　自分の意見を言うだけでなく，友達の意見との共通点や相違点を話し合うように声をかけた。その際，分類の結果だけでなく，その理由の共通点や相違点を協働的に話し合うことで，自分の理由がより明確になったり，友達の理由の正確さを感じたりするようにした。

　さまざまな理由が出る中で，テキストである批評に対する自分の評価に自信をもって，話し合いに参加できるようになる子どもたちもいた。

4. 全体学習 ～分類した結果や理由を全体で交流する～

　黒板にクラス全体の発表を整理しやすくするために分類の結果だけを板書した。また，自分の意見と友達の意見の共通点や相違点を見つけるだけでなく，考えが変わったなどの意見を積極的に受け入れた。すると，黒板に分類されたクラス全体の意見から，納得できるものと納得できないものには，何か決まりがあるのではないか，と気づく子どもたちが出てきた。

　納得できる批評は，クラスのみんなが納得できる批評であり，納得できない批評は，みんなが納得できない批評であるということに，気づく子どもが出てきた。

5. 学習の振り返り

　どうやら，納得できる批評には，何か決まりがあるということを気づきはじめた子どもたちに，どうすれば多くの人に納得してもらう批評を書くことができるのかを考えるように問いかけた。

　客観的な根拠や理由がある批評ができれば，今後の学習や話し合いの中でも友達にわかりやすく納得してもらえる意見を発表できることがわかった子どもたちは，どうすればそのような批評を書くことができるのかを一生懸命考えていた。また，そのためには，どのような学習をすればいいのかを主体的に考え，学習の見通しをもつことができた。

Aについては納得できないな。

相手に納得してもらうのに大切なことはなんだろう。

実践を終えて

　本題材は，批評文を考えるテーマを「ウノに新カード」という新聞記事をもとにすることで，子どもに身近なものになり，学習に取り組む意欲が見られた。ただ，「批評」という言葉の意味を伝えるタイミングやめあての提示の仕方を意識して，授業を組み立てなければならないということが課題として残った。

　めあてを提示する際には，教師側から提示するのではなく，子どもたちが問題点を見つけ，困りからめあてにつなげるとより主体的な学習になったと考える。子どもの「なぜ？」「知りたい」「考えたい」を大切に学習を組み立てていくことの重要性を感じた。

「読解科」で身につくもの

中西修一朗

● 「読解科」とは

　「読解科」は思考の道具（ツール）を身につけることを目的とした高倉小学校独自の教科である。思考の道具は，それを生かす個別具体的な場面を通して学ばなければ，浮わついたものとなってしまう。具体的な課題場面を通すことで，その道具を生かす方法を学び，思考を深め，ひいては物事を批判的に検討する観点を学習することが重要である。

　ここでは，1年生の児玉由希子先生の「おなじ なかまを あつめよう」（本章第2節①）と6年生の嶋田宰先生の「広がる 広げる わたしの見方・考え方」（本章第3節④）の2つの授業での子どもたちの発言に注目することで，読解科によって思考がどのように深まり，何を学んでいるのかを検討しよう。

● 1年生「おなじ なかまを あつめよう」

　本章で取り上げた授業の前時（第2時）での分類の場面を見てみよう。まずは，うきわ，バス，タンバリン，すいかなどの15枚の写真が配られた。子どもたちはすでに第1時で図形の分類を経験しているので，スムーズに作業に取り組みはじめ，めいめいに図形をチームに分け，名前をつけていった。単元計画にも記載されているように，これらのカードは食べもの・のりもの・楽器・色・形に分類されることが想定さ

れている。実際，子どもたちの多くは〈まるチーム〉や〈のりものチーム〉などに分けていた。

　ただ，子どもたちは同じように見えても一人ひとり違うことを考えているものである。たとえば，バスやヨットを〈のりものチーム〉と名づけた子がいた一方で，〈はしるチーム〉と名づけた子もいた。一見同じようだが，違いはうきわが入るかどうかという点にある。はじめに〈のりものチーム〉という分け方に対して，「うきわはのりものですか？」という質問が起こった。「のるものだから」というのがその答え。たしかに，日常の文脈でのりものといえば，移動の手段という意味合いを含む。質問者はこのことをふまえていたのだろう。一方で，「のるものだから」という答えも，言葉の成り立ちをたどった意見であり納得できる。そんなものか，と教室には妥協の空気が漂った。

　そのとき「うきわをぬいて，〈はしるチーム〉にしました」という意見が提出された。これはのりものという言葉で無理にまとめなくてもよい，という提案だろう。また，機能に着目することで概念としてもより厳密なものとなっている。このように読解科では，自分の意見とほかの人の意見とを関連づける思考が，低学年から行われている。

　全体での交流の後に，まとめが行われた。そこで児玉先生は「〈まるチーム〉と〈さんかくチーム〉はどちらも何だろう？」と問いかけた。子

どもたちは「かたちだ」と答える中で，チームの分け方にも違いがあることに気づいたようである。こうして，すいかは丸い，バスは四角いという個別的な知識にとどまらず，分類の基準には形や色などさまざまなものがあるという概念的な知識の域にまで，子どもたちの思考は高まっていった。本章で紹介している第3時では，この思考を身の回りのものの分類にまで広げていく授業が展開されている。このように読解科では，1年生から概念を操作することを練習している。

6年生「広がる 広げる わたしの見方・考え方」

本章では第1時が紹介されている。ウノに新カードを導入することについて，それぞれ賛成・反対の立場から対立意見を検討し，批評の質には差があると学ぶことをめざしていた。これを受けて第2時では，浦島太郎の物語に関する3つの批評を比べることで，よい批評と悪い批評の違いに気づくことがめざされた。

3つの批評 A・B・C は，本章57ページに収められている。ある班では，4人が4人ともAを0点と評したのに対して，Bは3人が10点，残る1人も8点をつけていた。Aの批評については「自分勝手」な判断であるため悪い批評だと考えられた。全体交流では「どう考えても」という表現は考えがないことの裏返しだという意見が提出され，子どもたちの洞察力を見ることができた。これに対してBの批評については，よい所も悪い所もふまえたうえで，判断の理由を挙げており，客観的でよい批評だと考えられた。

AとBについて学級全体の意見が一致していた一方で，Cについては，3点をつけた人もいれば10点の人もいるというように評価が分かれた。そこで，嶋田先生は「AとBから，

よい評論と悪い評論の条件を考えよう。Cにはそれを当てはめて考えよう」と提案した。ある子どもは「おかしいと思うことが言えていない」と指摘し，「だましている」という表現は極端だと判断した。一方で「自分の意見をはっきりもっている」「理由も書いている」と高く評価する者もいた。いずれにしても，点数をつけた理由を言葉として表現することを通して，批評の質についての視点を自覚し，さらにその視点が他者とは異なることが明らかとなっている。

この授業を通して子どもたちは，ある評論がよいか悪いかを判断する基準を学んだ。しかし，それだけにはとどまらない。着目する視点の違いによって，1つの評論に対してよい評価もできれば悪い評価もできることをも学んでいる。物事を多角的に見ることは，特定の場面に限定された思考の道具ではなくさまざまな場面でつねに念頭におくべき観点であり，これを見つけられたことがより重要であろう。

「読解科」の見どころ

2つの例からわかるように，読解科では教師が用意した題材を，分類し，分析する場面を設定することで，子どもたちが思考の道具を使う必然性が生まれている。その際，教師が用意する教材は，必ずしも明確に判断できるものがよいとは限らない。浦島太郎の批評に関しては，評価が分かれる題材を用意することによって，子どもたちは多様な観点が存在すること，それを駆使する必要性を学んでいる。

このように，読解科では1年生から他人の意見と自分の意見を関係づけながら概念を操作する練習を積んでいる。その結果，高学年では思考の道具を手に入れるにとどまらず，批判的に思考するための観点を学習することにまで進むことができる。この課題設定の妙こそが，高倉小学校の読解科の可能性である。

第3章

読解力を生かすために

▶1 解説①

パフォーマンス評価とは何か

次橋秀樹

● パフォーマンス評価とは

　現在行われているパフォーマンス評価は，2つに分けることができる。1つは，授業中の発言や行動，ノートの記述から，子どもの日々の学習活動のプロセスをインフォーマルかつ形成的に評価するといった「パフォーマンス（表現やふるまい）にもとづく評価」を意味する広義のとらえ方である。もう1つは，学習者のパフォーマンスを引き出し，実力を試す評価課題（パフォーマンス課題）を設計し，それに対する活動のプロセスや成果物を評価する，「パフォーマンス課題にもとづく評価」を意味する狭義のとらえ方である。パフォーマンス課題の例としては，プレゼンテーション，ディベート，演技，演奏といった活動だけでなく，レポート，論文，ポスターなどの作成も含まれる。いずれも，思考する必然性を伴い，さまざまな知識やスキルを総合して使いこなすことを求めるような複雑な課題がパフォーマンス課題である。これらは，通常，単元で学習したことのまとめの課題として位置づけられている。

　狭義のパフォーマンス評価の起源は，1980年代の後半に米国で登場した「真正の評価」論にある。その背景としては，学力向上を強調した1983年のレポート「危機に立つ国家」を契機として，標準テストがトップダウン式で広がっていたことがあった。これに対して，伝統的なテスト方式の評価方法は人工性や断片性があるもので，学校外でも通用するような生きて働く（真正性がある）学力を保障していないのではないか，という疑問が投げかけられたのである。

　日本においては，1998年改訂学習指導要領における「総合的な学習の時間」の創設や，その後の「PISAショック」や学力低下の批判のもと，「読解力」や「思考力・判断力・表現力」という新しい学力が模索される中で，パフォーマンス評価が注目されはじめた。「思考力・判断力・表現力」が形成されたかを判断するために，そのパフォーマンスを測る評価方法が必要とされるようになったのである。「思考力・判断力・表現力」を育てようとする機運が高まる一方で，評価方法は依然として「知識・技能」を問うテストが中心的であるというミスマッチを改める必要があったともいえよう。

● パフォーマンス課題作りと評価方法

　パフォーマンス課題は，たんなる知識・技能ではなく，教科の本質や深い概念理解を問うものであるように構想することが求められる。

　具体的な課題作成にあたっては，①目的，②学習者の担う役割，③示すべき相手，④想定されている状況，⑤生み出すべき作品，⑥評価の観点，という6つの要素を盛り込んでいく。

　そして，でき上がったパフォーマンス課題に

ついて，次のポイントを問い直す。①測りたい学力に対応しているか（妥当性），②知識・技能が実生活で生かされている場面や，その領域の専門家が知を探究する過程を追体験させるようなリアルな課題になっているか（真正性），③学習者の身に迫り，やる気を起こさせるような課題か（レリバンス），④学習者の手に届くような課題か（レディネス）。

このような内容面での検討に加えて，いつ，どのようにして課題を伝えれば，子どもたちが意義や楽しさを感じながら，その単元全体に見通しをもって取り組むことができるようになるかをバランスよく検討することも大切である。

次に，評価方法を考える。1つだけの正解や解き方が存在しないパフォーマンス課題に対しては，当然ながら子どものパフォーマンスについては多様性があり，成功の度合いにも差が生まれる。そこで，パフォーマンス課題の遂行状況の採点指針として，ルーブリックと呼ばれる評価基準表が用いられる。ルーブリックは，成功の度合いを示す数レベルの尺度と，それぞれの尺度に見られる認識や行為の質的特徴を示した記述語からなる。何らかの作品を評価するためのルーブリックを作成する場合，次の手順が一般的である。

1. パフォーマンス課題を実行し多数の学習者の作品を集める。
2. あらかじめ数個の観点を用いて作品を採点することを採点者間で同意しておき，1つの作品を少なくとも3人が読み5点満点程度で採点する。
3. 他の採点者にわからぬよう付箋に点数を記して作品の裏に貼りつける。
4. 全部の作品を検討し終わった後で全員が同じ点数をつけたものを選び出す。
5. その作品を吟味しそれぞれの点数に見られる特徴を記述する。

実際には，新たな作品によってそれまでの記述語や水準が変わることもある。教師間で観点や水準をすりあわせつつ行うルーブリック作成や修正を通して，評価の信頼性だけでなく，教師の鑑識眼（評価力）が高まることも期待される。また，ルーブリックを学習活動の初期段階から学習者に示すことができれば，自己評価を促すこともできるだろう。このように，各単元でつけたい学力や問い，評価方法が必然的に見直され，指導と評価の改善を行うことができるのもパフォーマンス評価の優れた利点である。

● 高倉小学校におけるパフォーマンス評価

高倉小学校では，2010年度よりパフォーマンス評価を取り入れた授業の研究が行われている。初年度は，算数科において1つのパフォーマンス課題とルーブリックの作成と検討が行われた。早くも翌年には，パフォーマンス課題は算数科研究部会の共通テーマとなり，研究部会の教師は全員が一度はパフォーマンス課題を取り入れた授業を考案することで関わりをもっている。その後も，教科を広げて研究と実践を続け，校内全体で共有する機会を設けている。

高倉小学校のパフォーマンス評価の内容面における特徴としては，どの教科であっても，独自教科の「読解科」で育成をめざす4つの力（課題設定力・情報活用力・記述力・コミュニケーション力）と関連づけている点が挙げられる。たとえば算数であっても，発想や解答を得るだけではなく，プロセスを説明することによって記述力やコミュニケーション力が求められるパフォーマンス課題づくりが意図的に進められているのである。

［参考文献］
西岡加名恵『教科と総合学習のカリキュラム設計——パフォーマンス評価をどう活かすか』図書文化，2016年。
松下佳代『パフォーマンス評価——子どもの思考と表現を評価する』日本標準，2007年。

読解力を生かすパフォーマンス課題を もとにした単元づくり

八木悠介

● 単元構成の工夫と授業の展開

　単元全体の学習内容や目標，つけたい力を明確にしておくことは，子どもの主体的な学び合いの力を育むために必要不可欠である。単元を通してつけたい力，育てたい子どもの姿を明らかにすることで，何を学ぶべきなのか，どのような方法・順序で学習すべきなのかが明確になり，単元の見通しがもてるようになる。

　読解力を生かした学びを深める単元づくりでは，まず，その学習の本質に迫る課題を設定する。次に，熟考するためにさまざまな情報を活用し，多面的・多角的に分析する場面を設定する。さらに，整理・分析のときに思考操作を取り入れることで，より深く情報を読み解く。そして，構築した考えを相手に伝えることができるように記述・表現することで，自分の思考・判断・表現をメタ認知することができる。さらには，構築した考えを互いに比較し，関連づけながら，思考を深めていく。このように，読解力育成のための4つの力を意識しながら，単元づくりを行うことで，より深く，質の高い学習を実現することができる。

　課題意識をもって主体的な学び合いができる子どもを育てるために，子ども自身が見通しをもって活動できるような手立てを考える必要がある。そこで，1時間の学習の流れとして，課題設定・把握，自力解決，集団解決（全体，ペア，グループ），適応題，まとめ・振り返りなどを適切に組み合わせるようにしている。

　以下に，算数科における学習の流れの例を挙げる。

　課題設定・把握の場面では，「面積を求めましょう」とたんに課題を示すのではなく，子どもが主体的に取り組みたいと思えるような課題を作り出すようにしている。

　自力解決の場面では，数学的な表現体系の活用ができるように，図的表現，言語的表現，記号的表現などを用いてどのようにして考えたのかを説明するようにしている。

　集団解決の場面では，他者の考えを解釈する場を作る。自分の考えを発表する，他者の考えを聞くだけでなく，他者の考えを自分事として読解・解釈する場を通して，自他の考えがよりいっそう明確になるとともに，共通点や差異点の検討からさらに広く活用できる数理を構成していくことができるようにしている。

　適応題では，集団解決での考えをもとに，数や場面を変えた問題を設定して，帰納的・演繹的・類推的に考えるようにしている。

　まとめ・振り返りの場面では，学習した内容を文章にまとめることで，より具体的に一般化されたものにする。そして，この学習で学んだことは何か，考えのよさは何か，もっと調べたいことや新たな疑問は何か，などの視点を示し，それらの視点を用いて文章を書くようにしてい

る。

　このような単元全体や１時間の授業での思考の流れを子どもがつかむと，見通しをもって授業を進められ，もっと思考したいという意欲にもつながると考えている。

　また，後述のパフォーマンス課題による評価のもと，ねらいを明確にもって毎時間の授業に取り組むことで，子どもが，その時間に学んだことをしっかり認識することができ，ねらいに沿った振り返りをしたり，次の学習につなげたりすることができるようにもなると考えている。

● パフォーマンス課題による評価を取り入れた授業の実践

　本校では，2003（平成15）年より京都大学大学院教育学研究科教育方法研究室との連携による授業研究の取り組みで，パフォーマンス評価を取り入れた授業実践に取り組んできた。パフォーマンス評価とは，ペーパーテストでは測れないような思考する必然性のある場面で生み出される学習者の振る舞いや作品（パフォーマンス）を手がかりに，概念の意味理解や知識・技能の総合的な活用を質的に評価する方法である。そして，パフォーマンス評価を取り入れた授業実践をより進めるために，パフォーマンス課題を設定している。

　パフォーマンス課題とは，「単元を通して身につけた力や教科・領域を越えて身につけた力を総合的・発展的に活用できる」「多様な考え方で問題解決することができ，いろいろな表現方法で説明することができる」「子どもの日常生活と関連したり，ストーリー性をもっていたりして，単元を通して興味・関心・意欲が持続する」ような課題である。

　これらを取り入れることで，先述した単元構想の工夫と授業の展開が，次のような点から，より具体的・効果的にできると考えた。

◇パフォーマンス課題を設定するために，改めて単元で身につけたい力は何か，それが身についた子どもの姿はどのような状態に現れるのか，それをどのような形で残すのかを考え，単元や毎時間の目標と評価の計画を立てることができる。

◇パフォーマンス課題の解決に向けて，１時間１時間の授業でどのような知識や技能を身につけるようにし，どのような学習経験が必要になるのかを考えて，単元の指導計画を立てることができる。

　また，単元の中で身につけたい力が最も顕著に現れてくると考えるパフォーマンス課題を設定し，予備的ルーブリック（パフォーマンス課題に対するパフォーマンス評価の基準）を作成して授業実践に取り組んでいる。予備的ルーブリックを作成することで，次のようなことができる。

◇到達すべき基準に達していない子どもに対する具体的な手立てを考えていく。

◇到達すべき基準を子どもたちに伝えることによって，より主体的な学びができるようになり，基準のレベルアップをはかっていく。

◇指導途中においても，現在の子どもの状態をどのようにすれば伸ばすことができるのかを評価しながら，指導を改善していく。

◇授業後，予備的ルーブリックは適切であったか，ある基準を表すのに典型的な記述・発言はどれであったかを振り返り，別の単元との関係を考え，長期的な子どもたちの伸びをはかっていく。

　このように，ルーブリックを作成し，成果物を評価し，検証しながら再考するというサイクルにより，校内での研究成果を積み上げている。そして，読解力を生かしたパフォーマンス課題による単元にもとづいた学習を行うことによって，より教科の本質にせまる質の高い“教科の力”を引き出すことができると考えている。

教科の学習に深みをもたせる
パフォーマンス評価の考え方

八木悠介

● なぜパフォーマンス課題なのか

　前項で述べたとおり，本校では，どのようなパフォーマンス課題を設定すれば子どもが身につけてきた力を適切に表現できるか，また，学んだことを実生活に生かすことができるかについて研究を重ねている。

　教師は，子どもたちに学習の本質にせまる目標に到達させ，獲得した知識や技能が現実の問題解決の場面で活用でき，実際に生かすことのできる力を身につけさせる必要がある。そのためには，成果物としてのパフォーマンスにもとづく評価（パフォーマンス評価）のあり方を検討し，学習者のパフォーマンスの能力を引き出すためにデザインされた課題（を作ること）が必要となる。そこで，パフォーマンス課題にもとづく単元構成を行い，実践による検証を重ねている。

● パフォーマンス課題による評価を取り入れることで育てる２つの力

(1) 思考力・判断力・表現力を育てる

　パフォーマンス課題による評価を取り入れることで子どもの思考力・判断力・表現力を飛躍的に伸ばすことができる。算数科を例に挙げると，低学年では，具体物や半具体物を操作したり，絵や図をかいたりしながら，自分の考えを表現・説明する場面が必然的に生まれる。中・高学年でも，図や記号などを使って自分の考え

を表現・説明できる。表現するためには，自力解決の場で操作したり，自分の考えをノートやワークシートにかいたりする必要が生まれ，そこで“考える”という思考を操作する必要性が生まれる。

　問題解決の手段として，たとえば１年生では，「ブロック図」，２年生では「テープ図」，３年生では「線分図や関係図」を身につけられるように，意識的かつ長期的・系統的に繰り返し指導を行っているが，その際，単元のつながりを意識して学習を進めたり，繰り返し学習したりして定着をはかるようにすることが大切である。そして，パフォーマンス評価を意識することで教師側も単元を通して身につけなければいけない力を意識することができ，それが単元を貫く力としてスパイラル的に指導していくことにつながる。さらに，子どもたちが既習の表現を思い出し，活用できるような掲示物の充実をはかることで，より力が定着するようにしている。

　また，自分の思考過程を他者に伝えるための言語的表現も重要である。課題解決の中で，「まず・はじめに」「次に」「そして・それから」「最後に」といった接続語を用い，結論とともに，その結論に至った経緯を自分の言葉でわかりやすく伝えられる力もつけるようにしている。

　さらに，課題解決を通して，一人ひとりの思考を生み，育て，深めることができる。そして，個から集団，集団から個への関わりを高め，コ

ミュニケーション力を伸ばすことができる。さらには，子ども同士の深め合いの中で効果的な記述の仕方にも気づくことができる。

このようにパフォーマンス課題を単元の中心に置くことで，子どもも指導者も単元で身につけたい力からそれることなく指導をしたり，受けたりすることができ，力を育むことができる。

(2) 発展的な考え方を育てる

パフォーマンス課題による評価を取り入れることで，既習事項を生かす力・生活や学習に生かす力・発展的な考え方を育てることができる。

たとえば，2年生の「かけ算」で，5の段の九九のきまりを見つけたら，ほかの段でもきまりがあるのか調べてきまりの一般化をはかったり，5×10，5×11…はどうなるだろうと数を拡張して考えたりすることができる。既習事項を生かして帰納的・演繹的・類推的に考え，論理的思考力も高められるのである。また，日常生活の中で乗法が用いられる場面を見つけたり，乗法が用いられる問題作りをしたりすることで，生活や学習に生かす力をつけていくことができる。

また，5年生の「円と正多角形」では，いくつかの多角形の作図方法から，ほかの正多角形の作図方法も類推し，一般化をはかることができる。また，身の回りで正多角形を見つけたり，正多角形をもとにした形を考えたりして，形の美しさや作図する面白さを感じることができるようにすることで，既習事項を生活や学習に生かすとともに，算数のよさへの気づきが生まれる。

このように指導を進めていくと，子どもは，もっと大きい数でもできるかな，ほかの形でも同じことがいえるかな，この考えを使って自分でも問題が作れるかな，身の回りで活用できることはないかなと主体的に考えられるようになる。

このような力を評価するのが，パフォーマン

ス評価である。そのことにより，子どもの思考力・判断力・表現力をよりいっそう高め，発展的なものの見方や考え方を育てるといった学びに深みをもたせることができるのである。

● 授業づくりの実際

パフォーマンス課題による評価を取り入れた授業づくりについては，次のような流れで行うようにしている。

①単元で身につけたい力を整理し，単元出口での子どもの姿を明らかにする。

②子どもの実態をふまえて，上記の力を活用するパフォーマンス課題とそれに対する予備的ルーブリック（パフォーマンス評価における基準）を設定する。

③パフォーマンス課題の解決にむけて単元計画を立てる。

④知識やスキル，活用の仕方を授業で習得できるようにする。

⑤パフォーマンス課題の解決。

⑥予備的ルーブリックを用いて子どものパフォーマンスを評価する。

⑦評価の再考，ルーブリックの見直し。

指導者がパフォーマンス課題・ルーブリックを設定し，授業づくりをすることで子ども側にも以下のような利点が考えられる。

◇単元の終わりでの自分の姿を想像することができ，学習の見通しをもつことができる。

◇実生活と結びついた課題を解決することにより，知識などを習得する意義や有用性を感得することができる。

◇現実性，具体性のある授業により，楽しい学びとなり，学習への興味・関心を喚起することができる。

◇得た知識や技能を活用する場面を設定することで，すでに知識をもっている子どもも同じ目標に向かって学習を進めることができる。

第1学年 算数科

ながさや かさを くらべよう
～大きさくらべ～

授業者　上田愛弓

● 単元構想

　本単元では，量の測定については，「長さや かさを比べる」という活動を通して，「比較」 から数値化した「測定」の考え方が発展してい くことを子どもに実感させていく。そして，こ の学習は，「量の測定」全般の基礎となってく るので，子どもの物の比べ方の考えを大切にし ながら，量を比べる主な方法を提示し，それぞ れのよさについて考えていった。そして，量の 大小比較を直接比較から媒介物を使う間接比較 へと発展させ，さらにいくつ分という測定を通 して，2学年での普遍単位（ mm，cm，m， mL，dL，L）へとつなげていった。

　具体的には，ものの長さを直接比べたり，紙 テープを使って測ったり，容器の中にある水を コップに移し替えて比べたりする算数的活動を 中心として，量の大小比較を，直接比較から間 接比較へ発展させ，共通の仲介物として単位の 必要性に気づくことができるようにした。

　単元の導入では，2本のひもの長さを直接比 較し，端を揃えてぴんと伸ばして測定すること を学習した。次にノートの縦と横の長さを比べ るときには，テープを使って間接比較をする方 法を学び，教師机は教室のドアから出せるかど うかを調べた。そして，テープを使う間接比較 の方法をオルガンと教室のテレビの長さを比べ るときに活用した。さらに，マス目いくつ分な どの任意単位の比較方法を学び，実生活に生か すように構成した。かさ比べでは，コップいく つ分かで比べる方法を学び，実際に体験的活動 を行い，かさの量感を養っていった。

● 単元計画

1	長さ比べに興味をもち，2つの長さを直接比べる方法や媒介物を用いて間接的に比べる方法を工夫する。
2	紙テープを用いて身の回りの物の大きさを比べる。
3	身近にあるものの長さを「○○のいくつ分」で表したり比べたりすることのよさがわかる。
4	かさ比べに関心をもち，直接比較・間接比較の活動を通して，かさを比べられるようにする。
5	容器に入る水はどちらが多いかを，同じ大きさの容器を使って考え，説明する。
6	2つの物をさまざまな方法で比べ，長さ比べクイズの問題作りをする。
7（本時）	「どっちがながいんじゃー」になって，長さ比べをする。

✿ パフォーマンス課題について

　本単元のパフォーマンス課題は，「ながさくらべクイズをする」である。

　「ながさくらべクイズ」とは，学習で学んだ直接比較や間接比較，任意単位による測定を用いて，2つを比較する学習である。友達とクイズを出し合い，いろいろな長さの問題にふれることで，学習内容の習熟を図った。

　そのために，長さを測定するときに，同じ大きさのマス目を用いたり，一定の長さの紙テープを使用したりすることで，2つの物を比べるときに大きさを数で表すことの便利さに気づくようにした。とくにここでは，任意単位による計測をするため，「○○のいくつ分」という言い方ができるよう紙テープを用いて支援をした。大きな物については，両手を広げた長さや体全体を使って測ってもよいこととし，いろいろなものを測ることができるようにした。

　本単元を通して，大きさについての量感を豊かにするとともに，算数的活動の楽しさを感じることができた。

✿ パフォーマンス評価

パフォーマンス課題
これから「大きさくらべ」の学習をします。2つの物をいろいろな方法で比べます。「どっちがながいんじゃー」になって長さ比べクイズを作りましょう。

ルーブリック	3	問題を作ることができ，答えを直接比較や間接比較の方法以外に任意単位の考え方で書くことができている。
	2	問題を作ることができ，答えを直接比較や間接比較の方法や任意単位の考え方のどちらかを使って書くことができている。
	1	【支援】問題を作ることができているが，正確に測定して答えを書いていない，また，任意単位を用いて表すことができない児童には，テープのいくつ分やマス目のいくつ分かということに着目させることで，測定できることに気づくようにする。

● 本時（7／全7時間）

めあて：2つの物をさまざまな方法で比べ，長さ比べクイズ大会を行う。
〈数学的な考え方〉

学習形態	学習内容・活動	○支援　◇留意点
全　体	1．長さ比べのクイズをするという本時の学習のめあてと学習の進め方を確認する。 「どっちがながいんじゃー」になってながさくらべクイズをしよう。	○友達の問題の答えを書き込める解答用紙を1人1枚準備することで，たくさんの問題にふれることができるようにする。 ◇問題の解答が合っていたら，合格マークをかいてあげるようにする。
ペ　ア	2．クイズに答えるために，直接比較や間接比較，任意単位を使って考える。	◇解答に困っている児童には，「テープいくつ分かな」や「マス目いくつ分かな」などの声かけをする。 ○紙テープを用意しておくことで，解答しやすくできるようにする。 ◇50cmにカットしたテープを20本準備しておく。
ペ　ア	3．途中で一度交流し，中間評価を行って，困ったことや注意点を確認する。	◇たくさん解答した人が勝ちなどの勝敗を競うものではなく，正確に測定することが大切であることを伝える。 ◇単元の導入で提示したパフォーマンス課題「オルガンとテレビどちらが長いかな」という問題を学習で学んだ方法を生かして解くようにする。
全　体	4．先生からの問題を紹介し，みんなで解きあう。	
個　人	5．学習の振り返りを行う。	

● 授業の様子

前時の問題作り

　マス目を使って問題を作るAパターンと手の長さやテープを使って問題を作るBパターンの2種類のワークシートを準備した。問題は1人1問作成することとし，どちらのワークシートを使ってもいいようにした。

　ノートと筆箱の長さやのりとけしごむの長さなど比較的小さなもので問題を作っている子どもはAパターンのワークシートを，ロッカーと黒板の長さや教室の縦と横の長さなど大きなもので問題を作る子どもはBパターンのワーク

シートを使って問題を作っていた。大きな物で問題を作る子どもは，テープいくつ分をきっちりと測ることが難しく，友達や教師のアドバイスを受け，楽しみながら長さ比べクイズを作っていた。

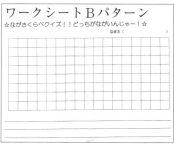

1. 課題把握

導入では，教師が作成した長さ比べクイズを提示し，本時の学習はどんなことをするのかの見通しをもたせた。

2. 自力解決（個人）

子どもが作った問題をペアで答える活動である。どの子どもも意欲的に学ぶ姿が見られた。問題を答えるときには，Aパターンのほうでは，実際に測りにいく姿が見られた。Bパターンではマス目を数えて確かめる姿が見られた。どちらの活動もこれまでの学習で習得してきた力を生かそうとする姿が見られた。

3. 途中の振り返り（個人・ペア）

クイズをしている際，子どもはクイズに答えることにばかり集中してしまい，どのような方法で比べて，どのような理由で長さの判断をしたのかを伝えることを忘れがちになる。また，端と端を合わせることやマス目いくつ分かをきちんと測ることができていない子どもも見られた。

そこで，途中に振り返る時間を入れて活動のめあてやポイントをもう一度確認するようにした。その後，もう一度友達と問題を解き合うことで，テープを丁寧に使って正確に測ろうとする子どもの姿が見られた。

4. 先生からの問題を紹介（全体）

単元の導入で提示した「オルガンとテレビどちらが長いかな」という課題を学習で学んだ方法を生かして解くようにした。自分の腕の長さいくつ分やテープいくつ分かを考え，任意単位の考え方で解くことができていた。

＜子どもの成果物＞
ルーブリック３に該当

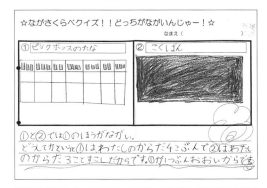

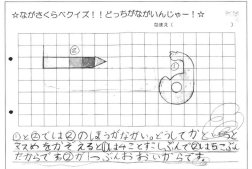

クイズの答えに，任意単位で書くことができていて，どちらが大きいかを書いているため，ルーブリックの「3」の評価にあたる。

実践を終えて

本題材では，ひもの長さや鉛筆の長さを比べる直接比較や，動かせない物を紙テープなどを用いて比べる間接比較をし，いくつ分の任意単位へと学習を展開していった。

紙テープを使ったり，大きい物を比べたりする算数的活動を通して意欲的に考えられる単元であった。ここで習得した任意単位の考え方を生かして，長さやかさの普遍単位や加減計算の学習の基礎につなげていきたい。

第2学年　算数科

かさはかせになろう
～かさ～

授業者　榊原　拡

● 単元構想

　本単元では，かさの測定などの活動を通して，普遍単位（L，dL，mL）の必要性に気づき，それらを使って測定をすることができるようにするとともに，液体の体積についての量感も身につけることができるようにしていく。

　本単元では，任意単位による間接比較を行う際に，任意単位が違うと比べられないことから普遍単位の必要性に気づかせたいと考えた。また，実際に測定をする活動を繰り返すことを通して，正確に測定すること，量感を培い見当をつけること，目的に応じて適切なますや単位を選択することなどもできるようにした。

　単元の導入では，バケツのかさはどちらがどれだけ多いのかを，それぞれ大きさのちがうペットボトルを使って比べようとしている場面を取り上げた。大きさのちがう入れものを使っては，正しくかさを比べることができないことから，普遍単位の必要性に気づくようにするためである。

　入れもののかさの見当づけをする際には，本単元で培ってきた1Lの量感やよく目にするもののかさをもとに，それらのいくつ分という考え方などを用いて，かさを予想してから実測するようにしていった。

● 単元計画

1	容器に入る水のかさについて，直接比較や間接比較などの活動に進んで取り組み，普遍単位の必要性に気づく。
2	1Lますでは量れない，はしたのかさの表し方を考え，説明する。
3	1dLますでは表せないはしたのかさの表し方を知り，mLの単位の読み方や書き方，LやdLとの関係を理解する。
4	かさの和や差の求め方を考え，説明する。
5	いろいろな入れものに1Lと思うかさだけ水を入れ，それを確かめる活動を通して1Lのかさの量感を培う。
6	水のかさを適切に予想するとともに正確に測定し，正しい単位を用いて表す。
7	単元のまとめや「学びをいかそう」に取り組み，学習内容が定着しているかを確かめる。
8	身の回りから見つけたさまざまな入れもののかさを量り，かさカードを作る。
9（本時）	かさカードを大きさ順に並べ替えてかさのランキング図鑑にまとめる。

✿ パフォーマンス課題について

本単元のパフォーマンス課題は，「かさのランキング図鑑をつくろう」である。

日常生活には，たくさんの入れものがある。皿やコップ，鍋，水筒，牛乳パック，ペットボトル，水槽，洗面器，洗剤の計量キャップ，目薬の容器など多種多様である。授業で扱われるものだけでなく，日常生活で自分が使っているもののかさに興味をもち，それらに触れる機会が増えることで，生活に即した場面で量感を培うことができるのではないかと考えた。

また，身の回りの入れ物のかさを測定して作ったかさのランキング図鑑のページを並べ替える活動を行う。並べ替えるときに，単位をそろえることで比べやすくなることに気づき，さまざまな単位で単位変換を行うことができるようになるのではないかと考えた。

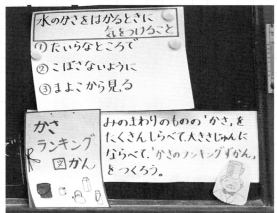

✿ パフォーマンス評価

パフォーマンス課題
身の回りにはいろいろな大きさや形の入れものがたくさんあります。「かさ」をたくさん調べて，大きさ順に並べて，かさのランキング図鑑を作ろう。（かさはかせになろう）

ルーブリック	3	身の回りにある入れもののかさを調べ，ランキング図鑑のページの並べ替え方の工夫を考え，そのよさに気づくことができている。
	2	身の回りにある入れもののかさを調べ，ランキング図鑑のページの並べ替え方の工夫を考えることができている。
	1	【支援】かさ調べをするときに，適切なますを選んでいない児童には，側面掲示で過去の測定を振り返ることで選べるようにする。また，ランキング図鑑のページの並べ替えができていない児童には，黒板や側面掲示を参考に単位をそろえて比べやすいようにする。

● 本時（9／全9時間）

めあて：かさカードを正しく並べ替えるための工夫を考えることができるようにする。

     ＜数学的な考え方＞

学習形態	学習内容・活動	○支援　◇留意点
全体	1．かさのランキング図鑑を完成させるために，並べ替え方の工夫について考えるという学習課題を把握し，学習の進め方を知る。 かさカードを正しくならべかえるためのくふうを考えよう。	◇前時までに作ったかさカードを準備しておく。 ◇最初はL，dL，mLの単位のカードを各1枚ずつ全部で3枚用意しておく。
個人	2．カードを大きさ順に正しく並び替え，そのときに並べ替えた考え方について記述する。	○「先生のスペシャルかさカード（1000 mL）」を渡すことで，単位変換の必要性に気づくことができるようにする。 ◇これまでの適応題を利用してかさの大きさの比較をしてきたことを想起させる。
ペア	3．大きさ順に正しく並べ替えられているかを確認し合い，どのような工夫をして並べ替えたのかを伝える。	◇相手が並べ替え方の工夫を伝えている途中で，相手の間違いに気づいたら，相手の話が終わってから伝えて，間違いを直せるようにする。 ○事前に，全体で並べ替え方についての交流をすることを伝えておくことで，友達の並べ替え方と自分の並べ替え方を比較しながら聞けるようにする。
全体	4．どのような工夫をしたら正しく並べ替えることができるのかを交流する。	○黒板に4枚のカードを用意することで，具体例を示しながら発言できるようにする。 ◇並べ替えの工夫を交流したうえで，もう一度自分の4枚のカードが正しく並べ替えられているかを確認する。
個人	5．自分の作ったすべてのカードの並べ替えを行い，かさのランキング図鑑を完成させる。	◇並べ替えができたら，ページ番号をつける。
個人	6．学習を振り返る。	○量感について振り返ることのできるキーワードを提示することで，かさのランキング図鑑作りを通して気づいたことをワークシートに書けるようにする。

● 授業の様子

かさカード作り

　オープンスペースにたらいと各種ますを用意し，休み時間に自分のもってきた入れもののかさを測定できる場を設定した。そうすることで，測定をする機会を増やし，図鑑にするかさカードも増やしていくことができた。また，複数の単位を用いて表したり，共通の単位にそろえて比較したりすることを通して，適切な単位を選ぶことや，量感をとらえられるようにしていった。

1. 課題把握

導入では，本時の課題を把握するために，子どものもっている物と同じかさカード4枚を黒板に貼り，小さい順に並べ替えた。単位変換の説明をしながら並べ替える子どもの様子を見ることで，ほかの子どもも課題を把握することができた。単位変換をすることで，大きさを比べやすくするために，単位変換が必要になるように設定した「先生のスペシャルかさカード」も黒板に提示し，同じ物を子どもにも配布した。

2. 自力解決（個人）

自分の作ったカードを，単位に気をつけながら大きさ順に並べ替えていった。また並べ替えるときの工夫についても記述していった。

ペア学習では，並べ替えたカードが正しく並んでいるかを確認し，それぞれがした工夫についても交流した。

3. 集団解決（全体）

黒板にある4枚のカードを具体例としながら並べ替えるときの工夫について交流した。「単位が同じときは，数字の部分を比べる」「単位が違うときには単位をそろえて比べる」「単位をそろえるときには，小さいほうの単位にそろえる」などの工夫を見つけることができた。

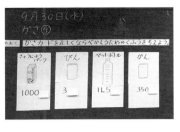

4. まとめ（かさのランキング図鑑の作成）

本時で学習したことを生かし，かさカードを大きさ順に並べ替えた。そのカードを作成してあった表紙に挟み込み図鑑を完成させると，うれしそうに自分の図鑑を眺めていた。

＜子どもの成果物＞

ルーブリック3に該当

単位が違うときに，同じ単位にすると比べやすいことに気づき，かさのランキング図鑑の並べ替え方の工夫を書いているため，ルーブリックの「3」の評価にあたる。

実践を終えて

パフォーマンス課題を設定することで，身の回りの入れ物やそのかさに興味をもったり，進んで測定をしたりする姿が見られ，測定の技術も高まった。また，かさのランキング図鑑のページを並べ替えるために，単位を変換してかさを比べることができた。

円と球の図鑑を大きさランキングに並べよう　～円と球～

授業者　三代路子

● 単元構想

　本単元では，円や球についての観察や構成などの活動を通して，円や球を構成する要素（中心，半径，直径）に着目し，円や球について理解できるようにする。

　単元の導入は，輪投げをするのに公平な立ち位置や，輪投げの人数を増やしたときの立ち位置の軌跡からできる形を考える活動を行った。輪投げは，子どもが興味・関心をもちやすい遊びであり，また，円を「まるい形」ととらえるだけでなく，「1点から等距離にある点の集合」というとらえ方を体験でき，次時に約束する円や中心，半径の定義などを，実感を伴って理解できるのではないかと考え，単元の導入とした。

　円については，円周上のどの点も中心から等距離にあること，また半径は中心から円周までひいた直線であることと約束した。さらに，作図などを通して，半径や直径は無数にあることに気づくようにした。そして，円による模様づくり，直線や折れ線の長さを写し取る活動を行い，コンパスの操作に慣れるようにするとともに，円のもつ美しさにふれるようにした。

　球については，紙を平面で切ると切り口はどこも円になること，球をちょうど半分に切った場合の切り口が最大になることなどを模型の操作や観察を通して理解できるようにした。またボールなどの球の直径の大きさは，ボールを直方体などの立体ではさむ活動によって調べることができるようにした。

● 単元計画

1（本時）	輪投げをするときの公平な立ち位置を考えることを通して，まるい形について進んで調べようとする。
2	コンパスを使った円のかき方や，円とその中心，半径の意味を理解できるようにする。
3	円の直径の意味や性質，直径と半径との関係を理解できるようにする。
4	円の中心の位置を考えながら，進んでコンパスを使った模様作りに取り組む。
5	コンパスを使って，直線や折れ線の長さを写し取り，比べることができるようにする。
6	球およびその中心や半径，直径の意味，切り口の形の特徴を理解できるようにする。
7	身の回りから円や球の形をしたものを見つけ，見つけた形の半径や直径を測り，図鑑にまとめる。
8	自分の「円と球の図かん」を紹介しあい，クラスで「大きさランキング」に並べる。

✿ パフォーマンス課題について

　本単元のパフォーマンス課題は，「円と球の図鑑を大きさランキングにならべよう」である。

　日常生活には，自転車や車のタイヤ，硬貨，観覧車，丸型の標識，ボール，地球儀，コンビナートなど，円や球の形をしたものがたくさんある。円や球の形をしたものは，教室の中や授業だけで扱われるのではなく，実際の生活の中に，たくさん存在していることを感じられるようにした。

　そこで，単元を通して，身の回りにある円や球の形をしたものを探すように呼びかけておき，興味・関心を高めるようにした。また，探した形を個々に図鑑としてまとめるだけでなく，クラス全体で「円と球の大きさランキングに並べる」という新たな課題を設定した。そうすることで，大きさを比べるためには中心や直径，半径など，円や球を構成する要素を調べる必要があることに気づき，円や球の性質の理解を深めることができると考えた。

　本課題によって，図形への興味・関心を高め，さらに日常生活へ広げていくことができると考えた。

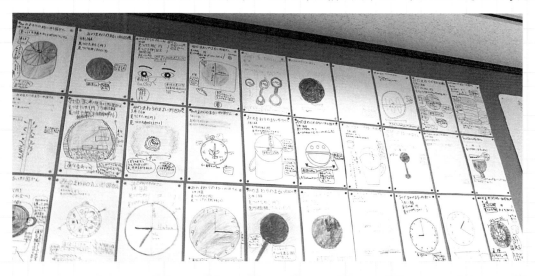

✿ パフォーマンス評価

パフォーマンス課題		
身の回りにある円や球の形をしたものを探して，「図鑑」にまとめよう。見つけた円や球が，どのぐらいの大きさかも調べて，クラスで「円と球の大きさランキング」にならべよう。		
ルーブリック	3	身の回りから円と球の形をそれぞれ2つ以上見つけて，適切に直径や半径を調べて，図鑑にわかりやすくまとめている。
	2	身の回りから円と球の形をそれぞれ1つずつ見つけて，直径や半径を調べて，図鑑にまとめている。
	1	【支援】身の回りから円と球の形を見つけられない児童には，教科書の写真を見せて身の回りの円と球の形に気づくようにする。また，図鑑にまとめにくい児童には，直径や半径の調べ方を一緒に考えて，見本のまとめ方を参考にして，図鑑にまとめるようにする。

● 本時（1／全8時間）

めあて：輪投げをするときの公平な立ち位置を考えることを通して，まるい形（円）について進んで調べようとする態度を育てる。＜関心・意欲・態度＞

学習形態	学習内容・活動	○支援　◇留意点
全　体	1．輪投げをするときの，公平立ち位置はどこになるのかという本時の問題場面を把握し，学習課題を確認する。 **わなげをするとき，公平な立ちいちはどこかを考えよう。**	○輪投げをする場面を実際にやってみることで問題場面をイメージしやすくする。 ○あえて子どもが不利な状況をつくり，公平に輪投げをしたいという気持ちになるようにする。
個　人 全　体	2．2人で輪投げをするときの公平な立ち位置を考えて図に表し，話し合う。 ●←的 ○　○←人	◇的を固定して，2人の位置は自由に動いてもよく，同時に投げる設定にする。 ◇的からの長さ，距離，幅などさまざまな言い方を認めるようにする。 ◇定規で測って正確に長さを測ろうとする態度を広げるようにする。
個　人 全　体	3．3人で輪投げをするときの公平な立ち位置を考えて図に表し，話し合う。 ○―●―○ ○	○図にかくことで，的から等しい距離に立ち位置をとれば，公平になることに気づくようにする。 ◇もっと人数が増えていくとどうなるかという課題がもてるように話し合いを進めていく。
グループ 全　体	4．4人，5人…と人数を増やしていくときの公平な立ち位置を考えて図に表し，話し合う。 ・人数を増やしていくと，まるい形に近づいていく。 （●）	◇グループで協働的に考え，ホワイトボードに図で表すようにする。 ○少ない人数の場合で考えた図から提示することで，人数が増えていくと，まるい形（円）に近づくことに気づきやすいようにする。 ○実際に的から同じ距離のひもをもって立つことで，円の形になることを実感できるようにする。
全　体	5．まるい形（円と球）について調べていくという単元のめあてとパフォーマンス課題を設定する。	○教室内にあるまるい形を一緒に探して，パフォーマンス課題への意欲を高めるようにする。
個　人	6．学習の振り返りを行う。	◇ノートに，本時でわかったこと，もっとやってみたいことなどを中心に書くようにする。

● 授業の様子

1．課題把握

　導入では，教師対児童1人で，輪投げをした。投げる前に的からの距離を，教師のほうがあえて短くとるようにしたことで，「先生，ずるい」という声があがり，公平に輪投げをしたいという気持ちになるようにした。そこで，同時に輪投げをする場合，公平な立ち位置は的からどこにすればいいのかを考える学習課題を設定した。

2．2・3人の場合を考える（個人・全体）

　2人の場合には，公平な立ち位置はどのようになるのか，図をかくようにした。子どもはノートのマスの数を使って，的からの距離が等しくなるように図をかいていた。同様に3人の場合でも考え，さらに人数を増えると，立ち位置はどのようになるのかという課題がもてるように話し合いを進めていった。

3. 人数を増やした場合を考える（グループ・全体）

　人数を増やした場合の立ち位置については，4人グループでホワイトボードに図にかいて考えるようにした。集団解決では，少ない人数で考えたグループの図から提示して，5，8，16，36人と人数が増えていくように図を並べてみると，まるい形になっていくことに気づいた。

4. 集団解決（全体）

　実際に，まるい形（円）になるのか，教室横のオープン教室で確かめた。的に等間隔のひもをつけて，ク
ラス全員でも
ち，まるい形
になっている
か確かめると，
納得した様子
であった。

5. パフォーマンス課題の設定

　このようなまるい形は，身の回りにもっとあるかを問いかけると教室内の形を次々と見つけ出した。「給食当番の表」「時計」などの円の形だけでなく，「ボール」など球の形でもよいことを伝えると楽しそうに声をあげていた。

　そして，単元を通して身の回りの円と球の形を探していこうという課題を設定した。さらに，形を探すだけではなく図鑑にまとめ，大きさ別に並べてランキングにしていくというパフォーマンス課題を設定した。図鑑の見本を子どもに見せて，成果物のイメージをもたせるようにした。

6. パフォーマンス課題の解決（単元末）

　単元を通して，家庭学習で身の回りの円や球の形を調べ，ワークシートにかきためるようにした。その内，円と球それぞれ1枚ずつ選び図鑑にかきまとめた。図鑑には，絵，見つけた場所，直径の大きさなどをかき示すようにした。子どもは，コップ，鍋，時計，ビー玉，ボールなどをかいていた。

　単元の終わりでは，図鑑を紹介し合い，大きさ別に並び替えて「大きさランキング」にした。自分のかいた図鑑がクラスの何番目になるかに興味をもっている様子であった。並び替えた図鑑は掲示板に貼り，鑑賞できるようにした。

＜子どもの成果物＞
ルーブリック3に該当

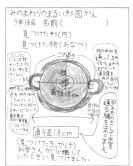

適切に直径や半径を測って，表している。また，測った方法や見つけたきっかけなどもかいており，わかりやすく伝えようと工夫しているため，ルーブリックの「3」の評価にあたる。

実践を終えて

　子どもは円や球を，算数の授業や教科書だけでなく，家庭や教室，学校外でもいろいろと見つけることができていた。今まで気にかけておらず，通り過ぎてしまっていた形も，円や球ではないかと見ようとする目，また判断できる目ができたようだった。

　また，図鑑にまとめたことで，観察，作図など既習の学習を総括する成果物を作ることができ，技能や知識を深めることにもつながった。ほかの図形を学習するときにも，この学習を生かし，身の回りの図形に興味・関心をもつことができるようにしたい。

第４学年　算数科

四角形をしきつめて模様をつくろう
～垂直・平行と四角形～

授業者　**谷井勇介**

● 単元構想

本単元では，図形を観察したり構成したりする活動を通して，直線の平行や垂直の関係に着目し，平行四辺形，ひし形，台形について理解できるようにすることをねらいとしている。

垂直・平行な直線や台形，平行四辺形，ひし形の性質を調べたり，作図したりするなどの算数的活動を中心として，台形，平行四辺形，ひし形について理解できるように進めていった。作図する活動を繰り返し設定することで，垂直・平行な直線をかく際の三角定規の扱いに慣れ，正確に作図できるようにした。

まず，直線の位置関係である垂直や平行の関係について理解し，これらの観点から，身の回りにある直線の位置関係を考察できるようにした。また，垂直・平行の関係にある 2 本の直線を 1 組の三角定規を使って作図できるようにした。さらに，カードの点をつないでいろいろな四角形をつくり，辺の平行に着目して弁別する算数的活動を通して，台形や平行四辺形，ひし形などの図形について定義し，それらの図形の性質を明確にしていった。その性質を使って，台形や平行四辺形，ひし形を正確に作図できるようにし，作図した図形を使ってパフォーマンス課題である敷き詰めを行った。

● 単元計画

1	直線の交わり方について調べ，垂直の意味を理解する。
2	平行の意味と性質を理解し，身の回りから平行・垂直な直線を見つける。
3	三角定規を使って，平行・垂直な直線をかく。
4	辺の垂直や平行に着目して，長方形のかき方を考える。
5	方眼を使って，平行・垂直な直線を見つけたり，かいたりする。
6（本時）	四角形を分類することを通して，台形，平行四辺形の意味を理解する。
7	平行四辺形の性質を調べる。
8	平行四辺形の性質を利用して，平行四辺形をかく。
9	ひし形の意味や性質を考える。
10	平行四辺形やひし形の対角線の性質を理解する。
11	ひし形を対角線で切ったときにできる三角形について考える。
12	平行四辺形を敷き詰めた模様から四角形を見つけ，説明する。
13	いろいろな四角形を敷き詰めて模様を作る。

❀ パフォーマンス課題について

本単元のパフォーマンス課題は，「いろいろな四角形を敷き詰めて模様を作ろう」である。

形も大きさも同じ平行四辺形を敷き詰めた模様から平行四辺形を見つける学習が単元の中で設定されている。それを台形やひし形へと広げて，敷き詰めた模様づくりをしていった。平行な辺に着目すれば台形，ひし形も敷き詰められることに気づき，敷き詰められた図形の美しさや不思議さにふれ，学習したことを生活に生かそうとする意欲を高めていった。

敷き詰めた模様を作るためには，平行四辺形や台形，ひし形を正確に作図することが必要である。作図した図形を敷き詰めるためには，平行な辺に着目して四角形を並べていくことがポイントとなる。たんに作図するだけでなく，敷き詰めて模様を作るという目的をもって作図・敷き詰めをしていくことで，平行という2直線の関係や平行四辺形，台形，ひし形といった四角形の性質を，より深く理解できると考える。

単元の導入では，既習図形を敷き詰めた模様を提示した。「敷き詰め」がどのようなものかをイメージさせ，学習の目的を明確にするためである。単元の中で新たな図形を学習していくことを告げ，学習した図形を敷き詰めて模様をつくるというパフォーマンス課題を提示した。

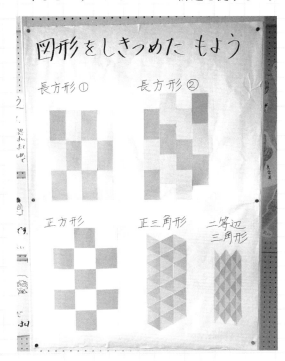

❀ パフォーマンス評価

パフォーマンス課題
これまでに学習してきた図形を敷き詰めると，ステキな模様ができます。教室や廊下が寂しいので，飾りつけて華やかな教室・廊下にするために，いろいろな四角形を敷き詰めて模様を作りましょう。

ルーブリック	3	平行な辺以外の規則性に着目して，台形やひし形を敷き詰めて模様をつくっている。
	2	平行な辺に着目して，台形やひし形を敷き詰めて模様をつくっている。
	1	【支援】台形をどう敷き詰めればいいかがわからない児童には，平行な辺に着目させ，台形を組み合わせると平行四辺形が作れることに気づけるようにする。

● 本時（6／全13時間）

めあて 四角形を分類することを通して，台形，平行四辺形の意味を理解できるようにする。
＜数学的な考え方＞

学習形態	学習内容・活動	○支援 ◇留意点
全 体	1．四角形を平行に着目して分類するという本時の学習課題を把握し，学習の進め方を確認する。 平行に目をつけて四角形をなかま分けしよう。	○前時に子どもが作った四角形を分類していくようにすることで，意欲的に学習に取り組めるようにする。 ◇いろいろな視点で分類できることを確認したうえで，本時は平行に着目して分類していくことを伝える。 ◇パフォーマンス課題にふれ，本時で学習する四角形が敷き詰めに使えそうかを意識させる。
個 人	2．いろいろな四角形を，平行に着目して分類する。 ・平行がある四角形とない四角形に分けられる。 ・平行が2つある四角形と1つしかない四角形があるな。	◇6つの四角形（台形2つ，平行四辺形2つ，どちらでもない四角形2つ）を分類させる。ただし，向きが違う台形，平行四辺形はここでは扱わないようにする。 ◇どこが平行になっているかを図にかき込んでいる子どもを取り上げ，全体に広げるようにする。 ○前時の学習を想起させ，方眼を使った平行の見つけ方を確認することで，自分で平行な辺を見つけられるようにする。
全 体	3．全体で分類の仕方を話し合う。 ・平行がある四角形と平行がない四角形に仲間分けできる。 ・この四角形ではここが平行になっている。 ・これは平行が2つあるから，さらに別の仲間に分けることができる。	○図にかき込みながら確認していくことで，どの辺が平行になっているかを全員が理解できるようにする。
グループ 全 体	4．台形と平行四辺形の性質を考えて話し合い，台形と平行四辺形の用語を知る。 ・「全部平行」という言い方だとよくわからない。 ・「向かい合う辺が平行」という言い方がよさそうだ。 ・平行が「1つ」よりも「1組」のほうがいい。	◇台形や平行四辺形の性質を考えさせることで，台形や平行四辺形の意味の理解につなげる。 ◇子どもの言葉を生かしながら「向かい合う1組の辺」「向かい合う2組の辺」という言い方にまとめるようにする。 ◇台形でも平行四辺形でもない四角形があることに気づけるようにする。
個 人	5．台形，平行四辺形を見分ける問題に取り組む。	◇向きが変わっていても，平行な辺の組の数に着目して，台形や平行四辺形を見分けられるようにする。 ◇平行な辺を図にかき込ませる。
全 体	6．フラッシュカードで台形，平行四辺形の見分け方を確認し，台形，平行四辺形が身の回りにもあることを知る。	○身の回りにある台形，平行四辺形の写真をフラッシュカードに混ぜておくことで，身近にも台形や平行四辺形があることに気づけるようにする。 ◇「平行」という言葉を使ってわかったことを書かせるようにする。
個 人	7．学習を振り返る。 ・平行な辺の組の数で台形や平行四辺形が見分けられることがわかりました。 ・身の回りにほかにどんな台形や平行四辺形があるか調べたいです。	◇台形や平行四辺形が敷き詰めに使えそうかを確認し，パフォーマンス課題を意識させる。

● 授業の様子

1．課題把握

前時に子どもが作った四角形を提示し，平行に

着目して分類していくという本時の課題を提示した。また，分類した四角形が，パフォーマンス課

題である敷き詰めに使えるか考えていくことも伝えた。

2．自力解決（個人）

　自力解決の場面では，平行に着目して四角形を分類した。分類する際，平行になっている辺に色をつけている子どもを紹介することで，わかりやすく表現する方法を全体に広げた。

3．集団解決（全体）

　全体での集団解決では，どのように分類したのかを話し合った。自分の分類の仕方を説明する際には，図を使いながら説明するようにした。

　平行な辺があるかどうかで分類，平行な辺の組数で分類の順で発表させ，全体で考えを深めていけるようにした。

4．集団解決（グループ・全体）

　分類した四角形（台形と平行四辺形）の性質を話し合った。どのような言葉で表現すればよいかを話し合うことで，台形，平行四辺形の性質を明確にし，理解を深めることができた。

5．適応題　～身の回りの図形に目を向ける～

　フラッシュカードを使い，提示した図形が台形か平行四辺形かを確認した。その際に，身の回りにある台形，平行四辺形の写真を交ぜておくことで，算数の学習だけでなく，日常生活の中にも多くの台形や平行四辺形が存在していること

に気づけるようにした。

6．学習の振り返り

　「平行」という言葉を使い，学習してわかったことを振り返りに書くようにした。「身の回りの台形や平行四辺形を探したい」「台形や平行四辺形でも敷き詰めをしてみたい」という感想が見られた。

＜子どもの成果物＞

ルーブリック　2　に該当

作った図形を2つ組み合わせることで平行四辺形を作り，それをもとに敷き詰めをしているため「2」の評価にあたる。

ルーブリック　3　に該当

ひし形を3つ組み合わせて正六角形を作り，それをもとに敷き詰めている。平行な辺ではない規則性に着目しているため「3」の評価にあたる。

実践を終えて

　図形の敷き詰めをするというパフォーマンス課題を設定したことで，苦手意識をもつ子どもが多い作図に意欲的に取り組んでいた。敷き詰めに使う正確な図形を描くため，何度も繰り返し作図練習に取り組む姿が見られた。

　しかし，パフォーマンス課題の解決のために本時の学習内容が必要であるというところまで，学習の必然性を高めることができなかった。毎時間の学習をパフォーマンス課題とより関連づけた単元計画を考える必要があると感じた。

第５学年　算数科

図形クイズをしよう　〜合同な図形〜

授業者　西原志帆

● 単元構想

　本単元では，「合同の意味を理解し，合同の観点から基本図形を見直したり，合同な三角形や四角形の作図を通して，基本的な平面図形についての理解をいっそう深めたりすること」「作図に関連して三角形の内角の和に着目させ，きまりを発見したり，そのきまりを用いて問題を解決したりすることを通して，論理的に考えを進め，説明する能力を伸ばすこと」の２つをねらいとしている。

　図形が合同であるとは，２つの図形が形も大きさも同じ場合である。これが理解できるように，三角形や四角形を「ずらす」「回す」「裏返す」などの動的な操作活動を通してぴったり重ね，形も大きさも同じ図形になることを実感的にわかるようにしていった。

　三角形・四角形の内角の和については，いろいろな三角形を取り上げ，分度器で測ったり，３つの内角を切り取って１点に集めたりする活動を通して，どのような三角形でも３つの角の和が$180°$になるという共通する性質を帰納的に見いだし，説明することで理解できるようにした。

　また四角形の内角の和では，三角形の内角の和が$180°$になることを根拠にして演繹的に考え，説明して理解できるようにした。

● 単元計画

1	具体的な操作を通して合同の意味を理解し，対応する頂点，辺，角の意味や合同な図形の性質を理解する。
2	合同な図形の性質を用いて，対応する頂点，辺，角を見つけ，辺の長さや角の大きさを求めることができる。
3	四角形を対角線で分けた形について，合同という観点から考察する。
4	三角形の形や大きさがきまる要素に着目して，合同な三角形をかくいろいろな方法を考える。
5	合同な三角形をかくのに必要な辺の長さと角の大きさを知り，３つの方法で三角形をかく。
6	合同な三角形のかき方をもとに，合同な四角形をかく。
7	図形クイズをつくる。
8 (本時)	図形クイズを出し合う。
9	三角形の３つの角の大きさについてきまりを見つけ，内角の和が$180°$であることについて理解する。
10	三角形の内角の和のきまりを使い，未知の角の大きさを求める。
11	三角形の内角の和のきまりを使って，四角形などの内角の和を考える。
12	単元のまとめや練習問題に取り組み，学習の内容が定着しているかを確かめる。

❀ パフォーマンス課題について

　本単元のパフォーマンス課題は，「図形クイズをつくり，出し合おう」である。

　「図形クイズ」とは，1つの図形と合同な図形を複数の図形から探し出すものとする。図形クイズを作るために，合同な図形について学習を進め，図形クイズ作りとそれに対応した解答作りに取り組む。

　そのためにはまず，図形の構成要素に着目して，合同の観点から図形の性質を調べたり，合同な三角形，四角形のかき方を考えたりすることが必要である。

　次に合同な図形の性質をもとに三角形や四角形を作図しなければならない。三角形や四角形の定義や性質などを使って作図，友達のクイズを解くことによって，合同の観点から図形を説明できるようにする。そうすることで，より合同の意味や対応する頂点・辺・角の性質を理解できると考えた。

❀ パフォーマンス評価

パフォーマンス課題
2つの図形がぴったり重なるとき，これらの図形は合同であるといいます。合同な図形について学習をすすめ，合同な図形のひみつを探りましょう。そして，学習したことをもとに，図形クイズをつくってクラスのみんなと出し合いましょう。

ルーブリック	3	合同な三角形を反転や回転させるなど工夫してクイズを作り，最低限の情報で問題の解答を記述している。
	2	三角形の3つの決定条件を使って三角形を作図してクイズを作り，図形の構成要素に着目して，問題の解答を記述している。
	1	【支援】壁面掲示で，合同な図形の性質をもとにした三角形や四角形の作図の仕方や合同の意味や対応する頂点・辺・角の性質などについて，想起できるようにする。

● 本時（8／全１２時間）

めあて 図形の構成要素に着目し，合同な三角形のかき方を根拠に合同な三角形を見つけられるようにする。＜数学的な考え方＞

学習形態	学習内容・活動	○支援　◇留意点
全　体	1．図形クイズを出し合うという本時の学習課題を把握し，学習の進め方を確認する。 　図形クイズを出し合い，合同な図形を見つけよう。	○合同な三角形の作図の仕方や合同の意味，対応する頂点・辺・角の性質などについて側面掲示することで，既習事項を想起できるようにする。 ◇どの図形が合同であるかを図や言葉を使って説明できるようにする。
個　人	2．友達の図形クイズを解く。 ・すべての辺の長さや角の大きさを測ってみよう。 ・1辺の長さとその両端の角の大きさを測って見つけよう。 ・3辺の長さを測って調べよう。	○合同な三角形が見つけにくい子どもにはワークシートを切って，図形に重ね合わせながら確かめられるようにする。 ◇1人目の問題を解き，解答を確認したら2人目のところへ移動し，問題に取り組むようにする。
全　体	3．全体で合同な図形をどうやって見つけたかについて話し合う。 ・すべての辺の長さとすべての角の大きさが同じになると合同になる。 ・2辺の長さとその間の角の大きさが同じになったので，この図形は合同だ。 ・3辺の長さが同じなので，この図形は合同だ。	◇全体で合同な三角形の見つけ方を考え，合同な三角形のかき方を使えば合同な図形が見つけられることに気づくようにする。
ペ　ア	4．友達の図形クイズを解く。 ・3辺の長さがすべて同じだったので，この図形が合同だとわかる。 ・2辺の長さとその間の角の大きさが等しいので合同だとわかる。 ・1辺の長さとその両角の大きさが同じになるので合同になる。	◇学習した合同な三角形のかき方を使って回答を記述するように確認する。 ◇どの図形が合同であるかがわかるように，図に色をつけたり言葉を書き込んだりして説明できるようにする。
個　人	5．学習を振り返る。 ・三角形が合同であることを説明するためには，合同な三角形の3つのかき方をもとにすればよいことがわかりました。	◇学習した合同な図形の見つけ方をまとめて振り返りに書くようにする。

● 授業の様子

単元の導入

　問題把握の場面では，図形クイズのモデルを提示し，実際にどのようなものなのかを子どもが見通しをもてるようにした。また，単元の出口で合同の観点から基本図形を意識できるように，形も大きさも同じであるとき，この2つの図形は合同であるということを提示した。

作品のモデル

自分たちで図形クイズを作っていくことを伝えると，子どもたちからは「合同な図形のかき方を学習したい」「どうやって合同か確かめよう」といった単元を見通す発言がみられた。

1. 課題把握 ～図形クイズを出し合おう～

「図形クイズをつくり，出し合おう」というパフォーマンス課題を解決する活動を行っていくことを確認するとともに，前時までの学習について振り返り，合同の観点から自分のかいた図形を説明できるようにした。

2. 自力解決（個人）

自力解決の場面では，友達の問題を解き，どのようにして合同な三角形を見つけることができるかを図や言葉を使って説明し，評価し合うようにした。友達の問題についてどのように合同な図形を見つけたかを説明し合い，相互評価をした。そして，問題を作った子どもが解答を確認した。図形を操作しながら確かめられるようにするために，問題用紙は複数用意しておくようにした。子どもたちは，クイズを解くのに夢中になり，たくさんの友達のところを回っていた。

3. 集団解決（全体）

全体での集団解決では，合同な図形を見つけるためにはどうすればよいのかを話し合った。

全体で話し合う中で，合同な三角形の3つのかき方を使えば合同な図形が見つけられることに気づけるようにした。何と何が対応するのかを明らかにし，対応する頂点をどのようにして予想し見つけたか，あるいは，なぜその対応でよいのかということについて説明するようにした。

4. 適応題 ～学習した最低限の情報を使って問題を解こう～

適応題では，友達の問題を合同な三角形のかき方を使って解き，説明し合い，評価し合うようにした。友達の問題を解き，合同な三角形をどのようにして見つけたのかを繰り返し説明し合う中で，どこを測れば合同な図形だとわかるかについて実感を伴って理解することができていた。

＜子どもの成果物＞
<u>ルーブリック3に該当</u>

合同な三角形を回転させて工夫しクイズを作成し，最低限の情報で問題の解答を記述しているため，ルーブリック「3」の評価にあたる。

実践を終えて

図形クイズを作るというパフォーマンス課題を設定し，学習内容に必然性をもたせたことで，どの子どもも合同な図形をかいたり，その図形が合同であるかを調べたりすることに意欲的に取り組めていた。

友達の問題を解き，合同な三角形をどのようにして見つけたのかを説明し合う中で，どこを測れば合同な図形だとわかるかについての理解を深めたいと考えていたが，辺の長さや角の大きさを測らずに，「辺・角・頂点が対応しているから」としている子どもが見られた。このことから，合同な図形の対応についても正確に理解できていることが評価規準に必要であると考えられる。

ひと針に心をこめて
～マイ・ミニバッグを作ろう～

授業者　向井文子

● 単元構想

本題材は5年生から始まる家庭科という教科で最初の衣生活に関わる題材である。ここでは，裁縫道具の名前や扱い方，裁縫における注意点や基本的な手縫いの技術などを身につけることをねらいとしている。

本題材では，一般的に練習用布で縫い方の練習をした後，小物作りを行う場合が多いが，今回は練習用布を用いず，小物（ミニバッグ）作りを通して基本的な手縫いの技術などを身につけていこうと考えた。練習用布は初めて裁縫をする子どもが学習しやすいように運針の助けとなる印がしてあり，だれもがうまくできるようになっている反面，作品を製作したという達成感は感じにくい。そこで小物作りから始めることで，基本的な手縫いの技術を習得する過程を大切にするとともに，自ら思考判断し，自分だけのオリジナル作品を作り上げる喜びをも味わえるようにしたいと考えた。

また，本題材では外国語活動 Lesson 5 の「デザイナーになろう」とリンクさせ，布の色・形の選択とミニバッグの交流は外国語活動の中で「マイバッグクイズ」として行えるように設定した。そうすることで，作品完成の先にある魅力ある活動が製作意欲をいっそう高めると考えた。さらに，外国語活動においても，自分たちが実際に作った作品を使って交流することで，友達のバッグがどれか聞いてみたい，知りたいという思いが高まり，コミュニケーションをはかる楽しみを感じることができるのではないかと考えた。

● 単元計画

1	針と糸を使ってできることを，生活から探す。
2	ミニバッグの製作計画を立てる。
3	基礎的な縫い方・特徴を知る。
4～8	ガイドブックに作り方を記しながら，手縫いでミニバッグを製作する。
9 (本時)	針と糸を使って，家庭生活を工夫する。

❀ パフォーマンス課題について

本題材のパフォーマンス課題は，「来年の5年生のためにミニバッグの作り方ガイドブックを作ろう」である。

まず，子どもはミニバッグのサンプルを見て，自分のミニバッグをデザインする。そして基礎的な手縫いの技術を用いてバッグを製作する計画を立てる。この際，工程のみ示し，縫い方や縫い目，糸の色などは一人ひとりが意図をもって判断し決定する。そして実際にバッグを製作しながらその作り方などを記しガイドブックを作り上げることとした。

また，ガイドブックの読み手を来年の5年生と設定した。相手意識をもたせることでガイドブック製作の意欲が高まると考えた。さらに来年の5年生にとってより実用的なものにするためには，作り方の説明だけでなく実際に経験したこと，製作過程で感じたことなどを加える必要がある。自分しか経験しなかったことを記すことがガイドブックとしての質を高めるため，成功体験だけでなく，失敗した経験を記すことで，より自信をもって振り返ることができると考えた。

さらに，ガイドブックに記すためには，技術を習得するだけでなく，その技術を言語化する必要が生じる。言語化により他者との経験の共有，さらには経験の一般化が可能になる。このため今回のミニバッグ作りでの学びが今後の家庭科学習でのさまざまな作品製作にもつながっていくと考えた。

また，評価の際にも作品とガイドブックを共に見ることで，完成された作品だけでは見えにくい子どもの創意工夫（思考判断）を客観的に見て取ることができるうえに，作品だけでは技能の力か創意工夫（思考判断）の力かの判別しにくい点も明確に評価することができると考えた。

❀ パフォーマンス評価

パフォーマンス課題		
来年の5年生のためにミニバッグの作り方ガイドブックを作ろう。		
ルーブリック	3	作成手順や，どのような点に気をつけて，どのような縫い方や基礎的技能を用いて製作すると，よりよい作品になるかが記述されている。
	2	作成手順や，どこをどのような縫い方や基礎的技能を用いて製作するか，わかるように記述されている。
	1	【支援】 出来上がった作品や友達との話し合いを参考に，ガイドブックに示すように助言する。

● 本時（9／全9時間）

めあて：自分の作品を振り返りながら，製作過程で注意する点や工夫するとよい点を見つけることができる。

学習形態	学習内容・活動	○支援　◇留意点
全　体	1．本時の学習の見通しをもつ。 工夫した点・改善点を加え，ガイドブックを完成させよう。	
個　人	2．作品製作を振り返る。	○製作計画と作品をもとに，ガイドブックに工夫・改善点を加えることで，計画とのずれに気づけるようにする。
グループ	3．工夫・改善点を交流し，アドバイスし合う。	◇話し合いの視点を明確に示す。 　①よかったところの共通点 　②うまくいかなかったところの共通点・改善策 　③直したほうがよいところの共通点 ◇話し合うポイントを示した板書に追記する。
全　体	4．グループでの話し合いを全体で共有する。	◇自分では気づかなかった点や共通していた意見を発表するように声をかける。 ◇共通点がどんな製作においても大切になるポイントであると学習をまとめる。 ◇交流で発見したことを中心に追記するよう声をかける。
個　人	5．交流をもとにミニバッグ作りをガイドブックにまとめる。	
全　体	6．作品を展示し，互いに鑑賞する。	○互いの作品を鑑賞することで，色や形の組み合わせの多様性や面白さに気づけるようにする。
個　人	7．学習を振り返る。	◇次回以降のナップザック作りを見通しながら学習を振り返るように声をかける。

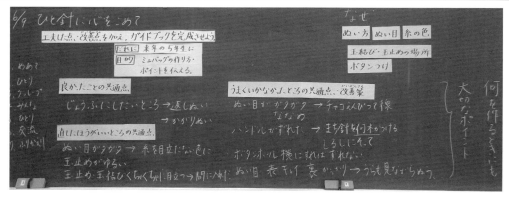

● 授業の様子

　本時は，出来上がったミニバッグをもとに交流し，修正を加えガイドブックを完成させるというパフォーマンス課題解決の場面である。子どもは製作したミニバッグとガイドブックを手元に置き，自分で作り上げたのだという達成感をもって授業にのぞんでいた。

1．課題把握

　導入では，ガイドブックを作る目的と相手を確認した。また，製作のポイントや失敗しないための工夫を書き加えることで，より実用的なガイドブックにするという本時の学習活動の見通しをもたせた。

2．作品を振り返る

　作品とガイドブックを製作計画と照らし合わせ，計画どおりできた点とうまくいかなかった点を把握し，ワークシートに記した。

3．グループ交流

　ワークシートの記述や作品をもとに，製作過程でうまくいった点・うまくいかなかった点を交流した。

　基礎縫いの技術やその方法を選んだ目的を中心に話し合えるよう，「縫い方」「縫い目」「糸の色」「玉結び・玉どめの場所」「ボタンつけ」と視点を絞り，なぜその選択をしたのかを互いに問いながら交流した。そのうえで，グループ内での共通点やうまくいかなかった点の改善策を考えることをグループ交流の目的とした。

4．全体交流

　グループ交流で見つけた共通点を発表し，同じ成功・失敗がないかを全体で確認した。このことで，多くの人に共通しているうまくいったやり方，うまくいかなかったやり方は初心者に共通する成功例・失敗例として一般化した。

　また，グループの話し合いでは考えつかなかった改善策をほかのグループの友達から教えてもらうこともできる時間となった。そのうえで，うまくいく方法・失敗しないための改善策は，ほか

の布製品の製作にも共通することが確認できた。

5．ガイドブックの修正

　交流をもとに，来年の5年生にむけたアドバイスを加筆し，ガイドブックを完成させた。

＜子どもの成果物＞
ルーブリック3に該当

製作のポイントの理由が明確に記されている。

ルーブリック2に該当

製作のポイントは記されているものの，なぜそのようにするとよいのか理由の記述がない。

実践を終えて

　ミニバッグをデザインし製作するという活動が指導者のねらい以上に子どもにとって魅力ある課題であった。それぞれが思考し判断して製作した経験と，さらによいものはどうすればできるのか知りたいという思いが子ども全員に共通していたことが，友達と交流する必然性を生み出し，互いに尋ねたりアドバイスしたり活動につながった。充実した交流は，ガイドブックの質を高め，次の製作につながる学びにもなった。

　また，本時のワークシートやガイドブックが見やすく整理されたものであったことから，これまで他教科等でつけてきた読解力の高さを感じた。

▶3 読解力を基盤としたクロスカリキュラムの授業②

マイバッグクイズをしよう

授業者 **井関隆史**

● 単元構想

　本単元は,『Hi, friends! 1 』の「Lesson 5 "What do you like?" デザイナーになろう」に位置づけられ, "What do you like?" の表現を用いて, 好きなものについて積極的に尋ねたり答えたりしようとすることを学んでいくものである。しかし, 本校では1年生から英語活動を行っており, "What 〜 do you like?" の表現を, 4年生までに学習してきている。また, 色や形についても, 4年生までに学習して十分に慣れ親しんでいる。そこで, より自然な表現に近い "Which 〜 do you like?" を使って, いくつかの限定されたものの中から好きなものについて積極的に尋ねたり答えようとしたりすることを本単元のタスクに設定した。

　また, 今回, 本単元を家庭科の学習との教科横断的な学習として位置づけた。『Hi, friends! 1 』では, Tシャツクイズを行うことになっているが, 今回は家庭科で作ったマイバッグを使って, クイズを行うこととした。自分たちが実際に作った作品を使って交流することで, 友達のバッグがどれなのか聞いてみたい, 知りたいという思いが高まり, コミュニケーションをはかる楽しさを感じることができると考え, 今回この単元をこのような位置づけとした。

> 【外国語活動】What do you like?
> 　　　　　デザイナーになろう
> ・マイバッグでクイズを作って, "Which 〜 do you like? Which is my bag?" を用いて交流する。

> 【家庭】ひと針に心をこめて
> ・マイバッグを作る。
> ・来年の5年生のために, ミニバッグの作り方のガイドブックを作る。

● 単元計画

1	マイバッグを用いて, クイズをするという学習の見通しをもつ。
2	好きなものは何かを尋ねる表現に慣れ親しむ。
3 (本時)	マイバッグを使ったクイズを通して, 好きなものについて積極的に尋ねたり答えたりする。

クロスカリキュラムについて
（家庭科と外国語活動）

　本題材では家庭科の「ひと針に心をこめて」とリンクさせ，マイバッグクイズの製作は家庭科の中で行えるように設定した。

　マイバッグは家庭科で初めて作った作品であるため，友達に自分のバッグのよさを伝えたい，友達のバッグについて知りたいという思いが高まり，コミュニケーションをはかる意欲につながっていった。

子どもたちは思い思いの色や形を組み合わせて，自分だけのオリジナルのバッグを作り上げた。

友達はどんなバッグを作ってるのかな。クイズが楽しみだ。

I like pink.
I like circle.

● 本時（3／全3時間）

めあて：マイバッグクイズを通して，学んだ表現の仕方や語彙を用いながら，好きなものについて相手意識をもって尋ねたり答えたりする。

学習形態	学習内容・活動	○支援 ◇留意点
全　体	1．あいさつをする。	◇1時間の見通しをもつことができるよう，活動の流れを示す。
全　体	2．ウォーミングアップをする。 　　ジングル（Hi, friends! plus）を使う。	○フラッシュカードを使うことで，文字と音のつながりを意識できるようにする。
	3．前時までの学習を振り返り，本時のめあてと活動の見通しをもつ。 　相手に合わせてヒントを出しながら 　マイバッグクイズを楽しもう。	
	4．前時までに用いた表現をチャンツで想起する。	◇コミュニケーションのポイントを提示する。
個　人	5．マイバッグクイズのデモンストレーションを聞いて，ゲームの仕方を知る。	◇ゲームで尋ねたり答えたりする表現を，フラッシュカードで黒板に示す。
全　体	6．クイズで用いる表現をチャンツで慣れ親しむ。	◇繰り返し行うことで，新たな表現を獲得することができるようにする。
ペ　ア 全　体	7．マイバッグクイズをする。 ・ゲームでわかった友達のバッグの番号を，ワークシートに記入する。 ・相手のバッグを教えてもらったり，Yes, No の返答だけで終わらず，相手のバッグのよさを学んだ表現や語彙を用いて伝えたりする。	◇クイズに間違えていた場合でも，学んだ表現や語彙を用いて，相手のバッグのよさを褒めることで，多くの友達とクイズのやり取りを行うことができるようにする。 ○中間評価を行うことで，クイズの際に気をつけるポイントを再度意識できるようにする。 ○相手のバッグのよさを認める表現をしている児童を取り上げることで，自分たちの言語活動にも取り入れることができるようにする。
個　人	8．ふりかえり ・好きな物の尋ね方がわかりました。色や形以外の好きなものも聞いてみたいです。 ・ジェスチャーやアイコンタクトを意識すると，友達に伝わりやすいとわかりました。 ・自分が作ったバッグでクイズができてとても楽しかったです。友達のバッグのよさを改めて感じました。	

● 授業の様子

1．課題把握 ～チャンツで想起する～

本時でも用いる"Which color do you like ～?" "Which shape do you like ～？"の問い，"I like ～."という返答のフレーズをチャンツで行い，前時での学習を想起できるようにした。その際に，フレーズをフラッシュカードに貼ることで

視覚的に支援をし，活動内で大切にしたい5つのポイント（smile, clear voice, reaction, eye contact, gesture）についての確認も行った。

2. 活動①（全体）～交流で用いるフレーズをチャンツで確認する～

本時で使うフレーズは，"Hello." "Which is my bag?" "This is your bag." というフレーズであり，新たなチャンツが加わった。その際にも，フラッシュカードを提示し，教師の「今日は新しいフレーズがあるよ。何かわかる」と発問をすることで，より注意して聞く意識をもつことができるようにした。赤と青のフラッシュカードに色分けすることで，問いと答えを意識しながら発言することができるようにもした。

新たに出てきたフレーズを何度も唱えたり，短く区切って言ったりすることで，新しいワードにも積極的に取り組む姿が見られた。

3. 活動②（ペア・全体）～マイバッグクイズをする～

机の上にマイバッグを並べて置き，出会った友達とクイズを出し合い，2人とも出し終わったら，ワークシートに友達の名前とバッグについていた番号を記入した。

子どもはマイバッグを見つけてもらうために，身振りや，友達に伝わっていないと繰り返し "I like ～." と答える様子が見られた。マイバッグに対して愛着をもってクイズをしていることが，表情ややり取りから見受けられた。中

間評価では，再度5つのポイントを確認し，めあてに返ることで，めあてを意識することにつながった。

4. 学習の振り返り

学習のまとめには，振り返りシートを活用し各項目において自分がＡＢＣで評価を行っている。多くの児童が友達との交流で「楽しかった」「聞きたいことがきちんと伝えられた」という記述をし，各項目にＡ～Ｃの自己評価があった。

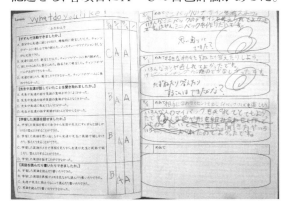

実践を終えて

マイバッグをクイズにすることで，コミュニケーションをはかる必然性が高まった。また，マイバッグを使ってのクイズが，子どもたちにとって魅力のある課題となった。

英語に対する関心・意欲は高く，間違いを恐れずに積極的に話そうとする子どもが多い。1年生から外国語活動の学習を積み重ねてきている子どもたちの力を感じた。自分たちが家庭科で実際に作った作品を使って交流したことで，聞いてみたい，知りたいという思いが高まり，コミュニケーションをはかる楽しさや面白さを感じることができたように感じた。

パフォーマンス課題にもとづく評価

福嶋祐貴

　ここでは，パフォーマンス課題にもとづく評価が高倉小学校の実践をどのように豊かなものにしていたのか，まとめてみよう。

● 学習の見通しと意欲をもたせる

　まず1点目は，パフォーマンス課題を導入することによって，導入時にその単元で学習することや取り組む活動についての見通しを子どもたちと共有できていた点である。評価課題を単元の冒頭で示すことによって，ねらいを明確にし，単元を構造化するとともに，子どもたちは自分たちの学習の見通しを得ることができ，目的的に単元に取り組めるようになる。

　第1学年・上田先生の実践では，課題文が「これから『おおきさくらべ』の学習をします」という文言で始まっていた。さらに，課題を記す掲示に「どっちがながいかな？　どうしたらくらべられるかな？」という文言を添えることで，子どもたちはこれから取り組む課題を意識して学習に取り組んでいくことができる。

　また上田先生の課題は，「どっちがながいんじゃー」というロールプレイを含むクイズの形式をとるものであった。そうしたゲーム的な要素によって子どもたちが課題に活発に参加できるよう配慮がなされているといえる。

● 学習した内容を総動員して記述させる

　次に，パフォーマンス課題に取り組むにあたって，単元の中で学習してきた内容を総動員する必要があるという点である。高倉小学校では,「読解科」で身につけさせたい力，とくに「記述力」との関連で，パフォーマンス評価において根拠をもって記述することがほどの単元でも求められている。このことは，課題に取り組むにあたって，学習内容をフルに活用することにつながっている。

　第2学年・榊原先生の実践では，かさのランキング図鑑を作るにあたって，かさをまず精確に量ることが必要となる。それには，単元の中で学習してきた量り方を着実に行わなければならない。さらに，ランキングを明らかにするために，自分の調べたかさをそれぞれ比べることになる。工夫してこれを行い，それを記述するには，単位の変換や，数値の大小比較の知識を正しく経由する必要がある。まさに，かさの単元で学んだことを総動員することで初めて成果物が生み出されていたのである。

　第4学年・谷井先生の実践でも，「敷き詰め」を行うにあたって垂直・平行に関する知識が要求され，またさまざまな四角形を正しく作図する技能も必要になる。とくに作図は，四角形ごとに仕方が異なるため，学習が断片的になりがちである。しかし，「実践を終えて」に示されているように，パフォーマンス課題によって子どもたちが苦手意識をもつことなく，意欲的に取り組み，学んできたことを無理なく工夫に生

かせるようになっていた。さらにいえば、これは断片化しがちな内容をパフォーマンス課題が構造化してつなぎ合わせているという点で、1点目の意義にも関わることといえよう。

● 協働的な学びを生み出す

3点目は、パフォーマンス課題が子どもたちの協働的な学びを自然に要求してくるものであり、それぞれの学習成果を交流する場面が生み出されている点である。課題に取り組む中で、子どもたちが相互に自分の作品や成果を示し合うということである。

具体的に見てみよう。第3学年の三代先生の実践で用いられたパフォーマンス課題は、「図鑑」にまとめる時点までは個人での取り組みとなる。自分で身の回りにある丸いものを探し、中心や半径といった知識を動員しながら、その大きさを個々に「図鑑」としてまとめるのである。しかしそれにとどまらず、「クラスで『円と球の大きさランキング』にならべよう」という課題が後半に設定されている。「大きさランキング」を作るためには大きさを比較しなければならない。個々人の成果である「図鑑」を交流することで、クラス全体の課題解決につなげるというわけである。

第5学年の西原先生の実践でも、「図形クイズ」を出し合い、解き合う活動が課題として設定されていた。たんに合同な図形を作図して、ダミーを混ぜてクイズとするだけであれば個人の取り組みに終始することになるが、クイズとした以上、子どもたちは自分の作品を解いてもらいたいと思うものである。そこで、作品を交換して解き合うのである。これはさらに、クイズに対する妥当で必要十分な回答を記述することも要求するものであり、解いてもらう相手の立場になって記述力を発揮する場として、パフォーマンス課題が意義をもっているといえる。

● 教科をクロスし、つなぐ

最後に、パフォーマンス課題が、1つの教科の中で閉じるのではなく、他教科と結びついた豊かな学びを実現している点である。第5学年・向井先生と井関先生の実践では、家庭科、外国語活動と、それぞれが別の教科・領域の課題となっている。家庭科では、学習内容を総動員し、下の学年の立場に立った記述力も求められるパフォーマンス課題が設定されている。しかしそれにとどまらず、内実を見てみると、外国語活動でのコミュニケーションが、家庭科で作った「マイ・ミニバッグ」をもとにして展開されるという仕掛けになっていることがわかる。自分で作ったものを紹介したい気持ちと、相手が作ったものが気になる気持ちとが合わさって、外国語活動におけるコミュニケーションが意欲的なものとなっているのである。

こうした教科をクロスする課題設定は、それぞれの教科における学習を豊かなものにする。今回取り上げられたのは「家庭科×外国語活動」の例のみであったが、高倉小学校では近年、他教科とのつながりを意識したパフォーマンス課題による授業づくりが展開されつつある。

以上のように、高倉小学校では、パフォーマンス課題を授業づくりに生かすことで、豊かで多彩な実践が行われている。言うまでもなく、用いられている課題は、けっして点検や序列化のためのものに矮小化されるものではない。パフォーマンス評価は、小手先の評価の技術・技法にとどまるものではなく、授業を挑戦的なものにする手立てを提供するものである。高倉小学校で行われているパフォーマンス課題にもとづく評価の取り組みは、授業と評価の結びつきをいっそう豊かにしていくにあたって、意義深い実践を提案しているといえよう。

第4章

読解力を基盤とする
カリキュラム・マネジメントの
足跡づくり

カリキュラム・マネジメントとは何か

大貫 守

　子どもの学びを実り豊かなものにしたい，すべての子どもに学力を保障したい。これらは教員が授業を構想するうえで直面する１つの願いではないだろうか。この願いを実現する方策として，学校の教職員や地域との連携のもとで，チームとして学校の運営に関わることが挙げられる。この取り組みを行ううえで有効なのがカリキュラム・マネジメントの考え方である。

　カリキュラム・マネジメントとは，各学校が学校教育目標の達成に向けて，計画的に教育内容を選択し，配列するとともに，教育活動を支える条件を整備し，実践し，実際の姿に応じて評価と改善を行う営みである。そのため，実施に向けては，教育目標を明確化し，それに向けて，①教育内容の選択と配列，②学校の条件整備，および③マネジメントのサイクルの３点を有機的に関連づけて考えることが必要となる。

　学校全体の教育目標を構想する際には，子どもを取り巻く地域・学校の実態や，教職員や保護者の願いに目を向けるとともに，子どもの個性の伸長や社会への移行に向けた能力の育成といった視点を考慮する必要がある。それを基盤に「学んだことを表現する力を育成する」という形でめざす子ども像やつけたい力を具体化する。

　次に，学校教育目標の達成に向けて，各学年での目標の設定や教育内容の選択と配列を行う（①）。目標設定では，学校卒業時の段階を見据えて，各学年終了時の段階を想定し，長期的な視点に立って，学年縦断的に目標を設定することが肝要である。たとえば，４年生の理科で，２つの現象を実験前後で比較し，時間経過などと関連づけて説明できるように，３年生では現象を比較する方法に慣れるという形で，教科の目標を系統化できる。このほかにも，運動会で６年生がリーダーとして統率できるよう，１年生から縦割り集団に参加させ，学年に応じた役割を与えるといった教科外活動の面での目標を縦断的に設定することも想定できるだろう。

　これに応じて，各学年の年間指導計画を作成し，教育内容の選択と配列を行う。その際には，各教科や領域特有の内容や見方・考え方を生かすことに留意し，横断的に関係を「見える化」するなどの工夫も考えられる。たとえば，歴史の学習と国語の戦争教材を結びつけたり，学校設定科目（読解科など）で育んだ発表する力を各教科に応用したりするように各単元の配列や展開を工夫できる。これは，教科間の内容の重複を防ぐだけでなく，教育課程全体を１つのテーマに即して弾力的に編成する契機ともなる。

　次に②に関して，豊かな学びを実現するためには，それを支える学校の資源や組織をマネジメントする必要がある。マネジメントの対象としては，表１の要素があり，これらを適切に運用していくことで地域や教職員がチームとして力を発揮できるようになる。たとえば，校長が研究主任をリーダーに任命し（あ），研究委員会な

表1 マネジメントの構成要素

要素	具体例
（あ）リーダー	校長・教頭・研究主任 等
（い）組織構造	人・もの・財・組織と運営（校務分掌 等）
（う）学校文化	教職員意識・子どもの雰囲気・校風 等
（え）家庭・地域	文化財や教育施設、PTA や NPO 等
（お）教育行政	文部科学省・教育委員会・教育センター 等

どのチームを作り、教職員を配置したり（い）、教育委員会の研究指定制度を利用したり（お）、地域資源の活用や、NPO 等と連携（え）は、豊かな学びを生み出すマネジメントの一環である。

とくに、マネジメントを実施する際には個々の教職員や資源・設備等について理解し、その強みを生かすよう配置することが重要である。中でも、子どもの学びは、総合的な学習の時間をはじめとして、生活経験が出発点となるため、地域との協力が豊かな学びへの一歩となる。

このほかにも、目には見えにくい教職員や子どものもつ文化や校風（う）も、マネジメントを行ううえでの鍵となる。たとえば、教職員間での研修の意義の共有の有無や印象を尋ねることは、その後の研修の頻度や位置づけの見直しにつながる。また、研修をどう実践に生かせるようにするのか考える契機にもなる。このように、マネジメントを実施するうえでは、各々の要素を関連づけることが成功への近道となるだろう。

最後に、カリキュラム・マネジメントが、たんなる計画（Plan）で終わらないために、実際に年間指導計画に沿って実施し（Do）、活動を評価し（Check）、計画やチームのあり方自体を練り直す（Act）サイクル（PDCA サイクル）を意識することも重要である。そこでは、カリキュラム評価（Cの部分）を通して、学校や子どもの状況を把握し、それを基盤にめざす子どもの姿や願いを教職員間で共有し、計画－実施－評価－改善というサイクルを繰り返す中で、豊かな学びを実現するカリキュラムを学校全体で協働的かつ漸進的に設計することをめざす。

このカリキュラム評価は、教育活動と経営活動の両方の評価から構成される。経営活動の評価としては、教員評価や学校評価などが挙げられる。また教育活動の評価は、日々の活動の記録にあたる授業評価や、パフォーマンス評価などに該当する単元評価から構成され、子どもの学びの実相をとらえる。これらを年間指導計画等に位置づけ、単元の内容や配列を見直すことや、地域連携のあり方を問い直し、表1の各要素の改善を行うことも必要である。

しかしながら、PDCA サイクルを意識して年間指導計画等の計画を立てても、予定どおりに進むとは限らない。むしろ教員は日々教室で子どもと向き合う中で臨機応変に単元計画を組み換えたり、授業を再構成したり、多様な教材を組み合わせて使用したりする。この際に、計画の遂行を第1にするのではなく、教員の柔軟な対応や判断を尊重することも大事である。

その際には、どのような意図でどう改善したのかを明記しておくとよい。たとえば、単元終了時に指導案に変更内容を記録したり、年間指導計画に教科間の連携の可能性について、朱書きと注釈を入れたりする営みもカリキュラム・マネジメントの取り組みの1つといえる。これらの記録は次年度の年間指導計画の作成や次の授業づくりに向けた視点となる。

カリキュラム・マネジメントは、一般に管理職の行う仕事ととらえられがちである。しかし、各教員が、豊かな授業を設計するために研修で意見を述べることや、授業や単元を振り返り、記録を残すという形で関与することも1つの参画である。個々の教員がその意識をもって取り組むことから学校の改善は始まるのである。

[参考文献]
田村知子ほか編『カリキュラムマネジメント・ハンドブック』ぎょうせい、2016年。

年間指導計画をどう立て，どう生かすか

八木悠介

● なぜ年間指導計画を立てるのか

　近年，教員の若年化が進んでおり，見通しをもって学習の単元を進めることや年間指導計画を意識し，どこでどのような力をつけると効果的であるかを考えて指導することができにくい状況が見られる。そこで，学校体制として年間指導計画を見える形で作成することが必要であると考えている。そうすることで，学校総体として共通理解した指導の徹底がはかれ，若年教員が安心して指導を進めていくことができる。

　また，単元を通してつけたい力を確認しながら，他教科，他領域との関わりを意識した指導（クロスカリキュラムを意識した授業）をすることで，質の高い授業を展開することができ，効果的に子どもたちに力をつけさせることができる。

● 年間指導計画を立てるにあたって

　年間指導計画については新学習指導要領総則（第1章第1の4）に書かれている。そこでは，「各学校においては，児童や学校，地域の実態を適切に把握し，教育の目的や目標の実現に必要な教育の内容等を教科等横断的な視点で組み立てていくこと，教育課程の実施状況を評価してその改善を図っていくこと，教育課程の実施に必要な人的又は物的な体制を確保するとともにその改善を図っていくことなどを通して，教育課程に基づき組織的かつ計画的に各学校の教育活動の質の向上を図っていくことに努めるものとする」と述べられている。

　これからの時代に求められる資質・能力を育むためには，各教科・領域における学習の充実はもとより，教科・領域間の内容事項について，相互の関連付けや横断を図る手立てや体制を整える必要があり，教科・領域のつながりをとらえた学習を進めなければならない。

　また，各教科・領域の教育内容を相互の関係でとらえ，必要な教育内容を組織的に配列し，必要な資源を投入する営みが重要となる。そこで，本校では，年度初めに年間指導計画を立て，それをもとに各教科・領域との関連を考慮した単元構成を練るようにしている。そして，年度途中や年度末には，各教科・領域との関連を考慮し，より魅力的な単元づくりができるように改善を行っている。

　教育課程は，学校運営全体の中核となるものである。そこで，教育課程の編成，実施，評価および，改善に関する課題がどこにあるのかを明確にして教職員間で共有し改善を行うことで学校教育の向上が図られる。そのためにも年間指導計画を立て，それをつねに活用できる体制を作っておくことは，カリキュラム・マネジメントを進めるにあたって必要不可欠なのである。

　これらカリキュラム・マネジメントを進めるためには，校長を中心としつつ，教科・領域の

縦割りや学年を越えて，学校全体で取り組む必要がある。そして，全教職員が責任をもち，そのために必要な力を，一人ひとりが身につけられるようにしていかなければならない。また，学校内だけではなく，保護者や地域の人々等を巻き込むことも重要となる。

これらをふまえ，どの時期にどの単元をどのように行うと効果的なのかを考慮して年間指導計画を立て，再考・検討を繰り返す中で，学年間の系統性や他教科・領域との関わりを常に意識した単元構成を行っていくこととしている。

● 年間指導計画をどう生かすか

2015（平成27）年度より，各学年の年間指導計画を再考し，とくに本校独自の読解科をベースとしながら，それらの単元でつけた力が各教科・領域のどこに生かされ，つながっていくのかを検討している。すると，単元を組み替えたほうが効果的であることが明らかになったり，各教科同士のつながりの中で順序を入れ替えたほうがよいと考えられる箇所や，重点的に指導を行うことで次の学習につながるのではないかといった箇所があることが明らかになったりしてきた。

このように，年間指導計画を立て，再検討を行うことで，子どもにつけたい力の重点単元が明確となり，繰り返し指導することが必要な場面に気づくことが可能となった。また，単元の組み替えを検討したり，スパイラル的に指導する箇所を明らかにすることができたりして，次年度の学習に生かすことができた。

また，年間指導計画を見ながら，単元計画を立てていくことで，より質の高い学習を構想していくことができる。さらに，年間指導計画を見ながら単元を構想していくことで，他教科・領域と関連できる単元を明らかにすることができる。また，同じ教科の中でも系統性を見ながらより深い学習へとつなげることも可能とな

る。たとえば，2016（平成28）年度の研究授業で行った4年生算数科でのパフォーマンス課題は次のようなものである。

> たかくら学習「高倉のやさしさ」の「いっしょに遊ぼう会」で仲良くなった，おいけあした保育園と中京もえぎ幼稚園の園児に，使わなくなった本とおもちゃと服をプレゼントしようと思います。リユース（再利用）をするとゴミを減らすことにもつながります。1つの箱に詰めて宅急便で送ろうとしたら，「10kgの制限を超えているため送れません」と言われ，送ることができませんでした。2つの箱に分けて送ろうと思いますが，できるだけ安く送りたいです。どのように箱に入れて送れば，安く送ることができるでしょう。リユース・オリンピックの説明金メダルをめざして，わかりやすいリユース・レポートにまとめましょう。

これは，年間指導計画を見ながら，総合的な学習の時間の単元と社会科の学習をつなげ，クロスカリキュラムを意識し，単元を構成した結果生み出された課題である。このような課題を単元の最後に位置づけ，単元を貫く課題として設定することで，より質の高い学習単元を構成することができた。なお，第3章で紹介した家庭科と外国語活動の授業もクロスカリキュラムを意識した実践であり，年間指導計画を考慮しながら構成した学習である。

今後は，これまで以上に質の高い学習が求められ，教科を越えた学びも重要になってくる。クロスカリキュラムでつながってこそ，生きた力として知識が生きて働くようになると考えられる。このようなカリキュラム・マネジメントは教壇に立つすべての教師が意識し，効果的に授業の中に生かしていかなければならない。そのためにも年間指導計画の作成と再考を繰り返してよりよい単元づくりをしていき，力量を高めていく必要があると考えている。

各学年における年間指導計画

徳島祐彌

　高倉小学校の年間指導計画（年間教育計画）には，どのような特徴があるのだろうか。以下では，「読解科」を中心とした教科・領域横断的な学習，パフォーマンス課題を用いた単元設計，これらの計画を練り直すカリキュラム・マネジメントのプロセスの３点に絞って，同校の取り組みについて詳しく見ていくことにしよう。

● 「読解科」と教科・領域横断的な計画

　年間指導計画には，矢印で「（読解科と）関連が深い他教科・他領域」が結ばれ，読解科とほかの学習とのつながりが示されている。たとえば，２年生の読解科では「あつめて　わけて　見つけたよ」の授業が行われる。そこでは，身近なものを例にとりながらグループ分けについて教え，共通点や相違点を浮き彫りにすることのよさを学習させている。その後，算数科の単元「三角形と四角形」の中で，特徴によって図形を分類する活動を行う。このように読解科と算数科をつなげることで，図形のグループ分けの活動で止まってしまうことなく，「三角形と四角形」の授業を展開しやすくなっている。

　一方で，各教科で学んだ内容をもとに読解科の授業を行う方法も考えられている。たとえば５年生では，理科の単元「天気の変化」ののちに，読解科で「これで納得‼説明の秘密」の授業が行われる。衛星画像での雲の移動といった既習事項を題材にして説得力のある文章の学習を行

うことにより，具体的な内容に即して思考することが意図されている。

　読解科は，算数科や理科だけではなく，４年生体育科「鉄棒運動」や５年生音楽科「詩と音楽を味わおう」のように，多様な教科との関連づけが試みられている。また，教科だけでなく，総合的な学習の時間や学校行事といった教科外活動との結びつきも意識されており，読解科を中心とした領域横断的な学習のつながりが計画に記されている。このように，教科や領域を直接つなげるのではなく，読解のプロセスを軸として関連づけている点に，高倉小学校の年間指導計画の特徴があるといえよう。

● パフォーマンス課題による単元設計

　高倉小学校では，パフォーマンス課題を中心とした単元の設計や評価の取り組みがなされている。たとえば，５年生算数科の単元「面積」では，三角形や四角形を組み合わせて同じ面積の作図をする「だまし絵をつくろう」がパフォーマンス課題として設定されている。また，３年生算数科の単元「一億までの数」では，京都市の人口や建物を用いたすごろくづくりがパフォーマンス課題に設定されている。これらのパフォーマンス課題に向けて各授業が展開されることで，たんに内容を網羅するのではなく，目的をもって単元が進められていくのである。

　パフォーマンス課題の設定には，他の教科・

領域とのつながりも意識されている。4年生算数科の単元「小数」では，総合的な学習の時間「高倉のやさしさ」で仲良くなった園児たちにおもちゃを送るというパフォーマンス課題が作られている。「どのように箱に入れて送れば，安く送ることができるでしょう」という問いに即して子どもたちは学習していく。

このパフォーマンス課題は，実際の活動にもとづいているためイメージしやすく，かつ「できるだけ安く送る」という日常生活で起こり得る題材で作られている。また，きれいに条件が整っておらず簡単に答えが出ないため，子どもたちは「小数」の内容を生かして思考しなければならない。このような単元末の課題を，カリキュラム編成の段階で構想しておくことによって，各授業で何をすべきかが明確に見えてくる。

これらパフォーマンス課題による教科・領域間のつながりは，年間指導計画に明確に示されているわけではない。しかし，パフォーマンス課題を軸に各教科を統合するような計画を立てることで，各教科に固有の内容を押さえつつ，単元や教科のつながりを意識して教材づくりに取り組むことが可能となるのである。

● カリキュラム・マネジメント

高倉小学校のカリキュラムにおける読解科の位置づけや，他教科との関連づけ，パフォーマンス課題を中軸とした単元設計は，カリキュラム・マネジメントのプロセスがあって成り立っているものである。同校では各教師の実践をもとにカリキュラムを練り直す機会が設けられているとともに，校内研修や授業研究を通して絶えずカリキュラム・マネジメントを行うというプロセスが重要な位置を占めている。

高倉小学校の授業研究では，実際に行われた授業をもとに，教師がグループになって話し合う。話し合いでは，研究授業のよかった点・改善すべき点を指摘するだけでなく，その単元の目標はなにか，パフォーマンス課題が適切だったのか，学習内容を深めるためにはどの教科・領域との関連が考えられるのかについても意見を出し合っている。このような研修を通して年間指導計画を練り上げ，学校でのヴィジョンを共有するプロセスは，学校や教師がカリキュラムを編成していくうえで重要である。

授業研究からカリキュラムを問い直す一方で高倉小学校では，矢印を使って読解科の授業と他の教科・領域との関係を可視化するなど，カリキュラムの視点から単元や授業のあり方を考える方向もある。これら双方向的なカリキュラム・マネジメントは，授業での子どもの姿をとらえるレベル，単元を通して何を教えるかを問う教科・領域レベル，そして学校のヴィジョンをどこに置くのかという目的（ゴール）のレベルをつなぐものとして機能しているといえる。

以上で見てきたように，高倉小学校の年間指導計画は，読解科を中心とした教科・領域横断的な学習の計画と，パフォーマンス課題を用いた単元の設計に特徴がある。そして，これらの計画をするカリキュラム・マネジメントのプロセスの中で，日々の教室の実践とめざす人間像を往還するような議論がなされている点が，同校の授業や単元がねらいをもって展開されているひとつの要因といえるだろう。

これらの取り組みには，学校で教えるべき教育内容への深い理解を教師がもっていることと，教職員がチームとなってカリキュラム編成に取り組んでいることを忘れてはならない。学校で団結してカリキュラムの研究・編成をしていくというエートスが作られている点にも，学ぶべきことが多くあるように思われる。

▶3 各学年の年間指導計画　第1学年〜第6学年 ［作成：八木悠介］

第1学年　年間指導計画　読解科と各教科・領域との関連案(2016年度)

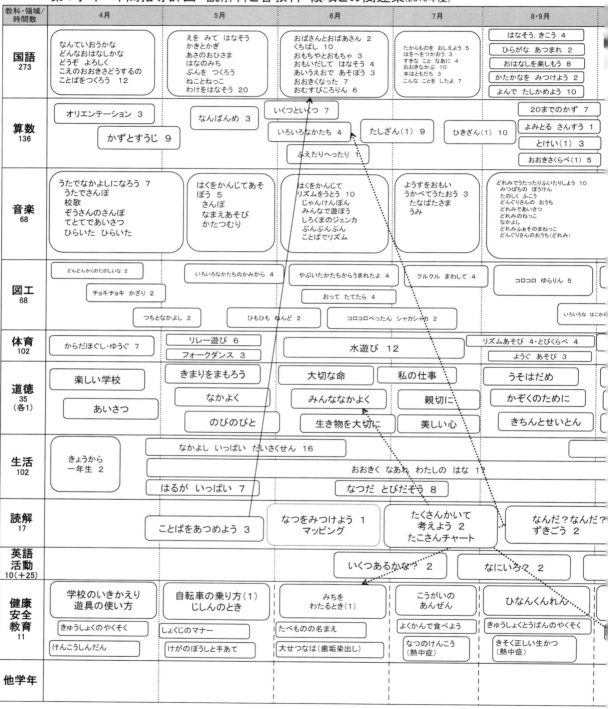

教科・領域/時間数	4月	5月	6月	7月	8・9月
国語 273	なんていおうかな どんなおはなしかな どうぞ よろしく こえのおおきさどうするの ことばをつくろう 12	えを みて はなそう かきとかぎ あさのおひさま はなのみち ぶんを つくろう ねことねっこ わけをはなそう 20	おばさんとおばあさん 2 くちばし 10 おもちやとおもちゃ 3 おもいだして はなそう 4 あいうえおで あそぼう 3 おおきくなった 7 おむすびころりん 6	たからものを おしえよう 5 すきな こと なあに 4 おおきなかぶ 10 本はともだち 3 こんな ことを したよ 7	はなそう，きこう 4 ひらがな あつまれ 2 おはなしを楽しもう 8 かたかなを みつけよう 2 よんで たしかめよう 10
算数 136	オリエンテーション 3 かずとすうじ 9	なんばんめ 3	いくつといくつ 7 いろいろなかたち 4 ふえたりへったり 1	たしざん(1) 9	ひきざん(1) 10 20までのかず 7 よみとる さんすう 1 とけい(1) 3 おおきさくらべ(1) 5
音楽 68	うたでなかよしになろう 7 うたでさんぽ 校歌 ぞうさんのさんぽ てとてであいさつ ひらいた ひらいた	はくをかんじてあそぼう 5 さんぽ なまえあそび かたつむり	はくをかんじて リズムをうとう 10 じゃんけんぽん みんなで遊ぼう しろくまのジェンカ ぶんぶんぶん ことばでリズム	ようすをおもい うかべてうたおう 3 たなばたさま うみ	どれみでうたったりふいたりしよう 10 みつばちの ぼうけん たのしく ふこう どんぐりさんの おうち どれみであいさつ どれみのねっこ なかよし どれみふぁそのまねっこ どんぐりさんのおうち(どれみ)
図工 68	どんどんかくのたのしいな 2 チョキチョキ かざり 2 つちとなかよし 2	いろいろなかたちのかみから 4 ひもひも ねんど 2	やぶいたかたちからうまれたよ 4 おって たてたら 4 コロコロぺったん シャカシャカ 2	クルクル まわして 4	コロコロ ゆらりん 5 いろいろな はこか
体育 102	からだほぐし・ゆうぐ 7	リレー遊び 6 フォークダンス 3	水遊び 12		リズムあそび 4・とびくらべ 4 ようぐ あそび 3
道徳 35 (各1)	楽しい学校 あいさつ	きまりをまもろう なかよく のびのびと	大切な命 みんななかよく 生き物を大切に	私の仕事 親切に 美しい心	うそはだめ かぞくのために きちんとせいとん
生活 102	きょうから一年生 2	なかよし いっぱい たいさくせん 16 おおきく なあれ わたしの はな 1 はるが いっぱい 7	なつだ とびだぞう 8		
読解 17		ことばをあつめよう 3	なつをみつけよう 1 マッピング	たくさんかいて 考えよう 2 たこさんチャート	なんだ？なんだ？ ずきごう 2
英語活動 10(+25)			いくつあるかな？ 2		なにいろ々 2
健康安全教育 11	学校のいきかえり 遊具の使い方 きゅうしょくのやくそく けんこうしんだん	自転車の乗り方(1) じしんのとき しょくじのマナー けがのぼうしと手あて	みちを わたるとき(1) たべものの名まえ 大せつなは(歯垢染出し)	こうがいの あんぜん よくかんで食べよう なつのけんこう (熱中症)	ひなんくんれん きゅうしょくとうばんのやくそく きそく正しい生かつ (熱中症)
他学年					

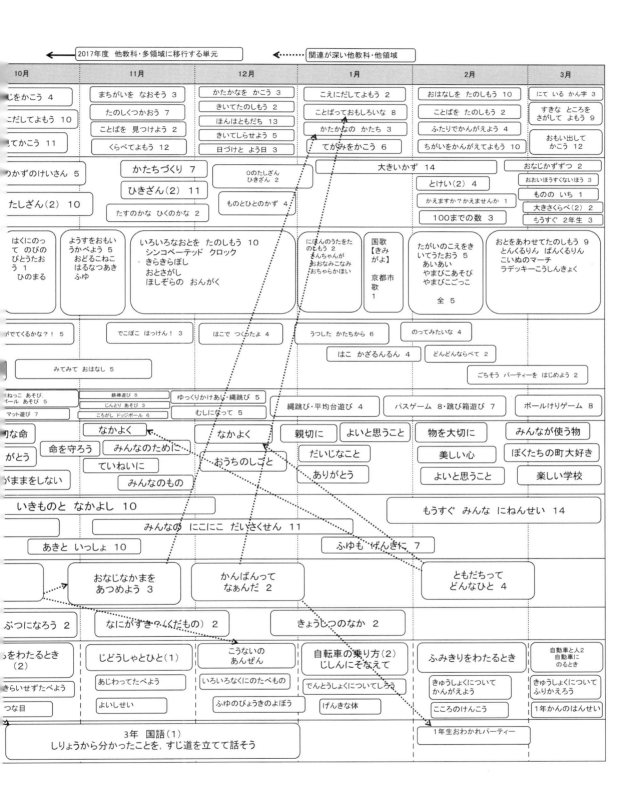

10月	11月	12月	1月	2月	3月

月別一覧（上段）

- …じをかこう 4
- …こだしてよもう 10
- …てかこう 11

- まちがいを なおそう 3
- たのしくつかおう 7
- ことばを 見つけよう 2
- くらべてよもう 12

- かたかなを かこう 3
- きいてたのしもう 2
- ほんはともだち 13
- きいてしらせよう 5
- 日づけと よう日 3

- こえにだしてよもう 2
- ことばっておもしろいな 8
- かたかなの かたち 3
- てがみをかこう 6

- おはなしを たのしもう 10
- ことばを たのしもう 2
- ふたりでかんがえよう 4
- ちがいをかんがえてよもう 10

- にて いる かん字 3
- すきな ところを さがして よもう 9
- おもい出して かこう 12

算数関連

- …かずのけいさん 5
- …たしざん（2） 10
- かたちづくり 7
- ひきざん（2） 11
- たすのかな ひくのかな 2
- 0のたしざん ひきざん 2
- ものとひとのかず 4
- 大きいかず 14
- とけい（2） 4
- かえますか？かえませんか 1
- 100までの数 3
- おなじかずずつ 2
- おおいほうすくないほう 3
- ものの いち 1
- 大きさくらべ（2） 3
- もうすぐ 2年生 3

音楽関連

- …はくにのって のびのびうたとおう 1 ひのまる
- ようすをおもいうかべよう 5 おどるこねこ はるなつあきふゆ
- いろいろなおとを たのしもう 10 シンコペーテッド クロック ・きらきらぼし ・おとさがし ・ほしぞらの おんがく
- にほんのうたをたのしもう 2 きんちゃんが おおなみこなみ おちゃらかほい
- 国歌【きみがよ】 京都市歌 1
- たがいのこえをきいてうたおう 5 あいあい やまびこあそび やまびこごっこ 全 5
- おとをあわせてたのしもう 9 とんくるりん ぱんくるりん こいぬのマーチ ラデッキーこうしんきょく

図工関連

- …がでてくるかな？! 5
- でこぼこ はっけん！ 3
- はこで つくったよ 4
- うつした かたちから 6
- のってみたいな 4
- みてみて おはなし 5
- はこ かざるんるん 4
- どんどんならべて 2
- ごちそう パーティーを はじめよう 2

体育関連

- …ねっこ あそび ・ボール あそび 5 ・マット遊び 7
- 鉄棒遊び 5 ・じんとり あそび 5 ・ころがし ドッジボール 6
- ゆっくりかけあし・縄跳び 5 ・むしになって 5
- 縄跳び・平均台遊び 4
- パスゲーム 8・跳び箱遊び 7
- ボールけりゲーム 8

道徳関連

- …な命
- …がとう
- …がままをしない
- なかよく
- 命を守ろう
- みんなのために
- ていねいに
- みんなのもの
- なかよく
- おうちのしごと
- ありがとう
- 親切に
- だいじなこと
- よいと思うこと
- 物を大切に
- 美しい心
- よいと思うこと
- みんなが使う物
- ぼくたちの町大好き
- 楽しい学校

生活科関連

- いきものと なかよし 10
- みんなの にこにこ だいさくせん 11
- あきと いっしょ 10
- もうすぐ みんな にねんせい 14
- ふゆも げんきに 7

- おなじなかまを あつめよう 3
- かんばんって なぁんだ 2
- ともだちって どんなひと 4

- …ぶつになろう 2
- なにがすき？（くだもの） 2
- きょうしつのなか 2

安全・食育関連

- …をわたるとき（2）
- …きらいせずたべよう
- …つな目
- じどうしゃとひと（1）
- あじわってたべよう
- よいしせい
- こうないの あんぜん
- いろいろなくにのたべもの
- ふゆのびょうきのよぼう
- 自転車の乗り方（2） じしんにそなえて
- でんとうしょくについてしろう
- げんきな体
- ふみきりをわたるとき
- きゅうしょくについて かんがえよう
- こころのけんこう
- 自動車と人2 自動車に のるとき
- きゅうしょくについて ふりかえろう
- 1年かんのはんせい

- 3年 国語（1） しりょうから分かったことを，すじ道を立てて話そう
- 1年生おわかれパーティー

第2学年　年間指導計画　読解科と各教科・領域との関連案（2016年度）

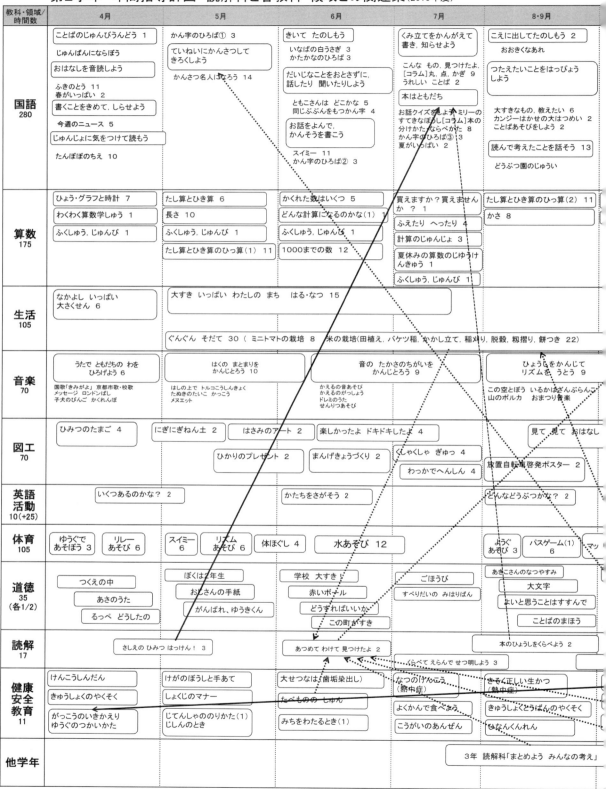

教科・領域/時間数	4月	5月	6月	7月	8・9月
国語 280	ことばのじゅんびうんどう 1／じゅんばんにならぼう／おはなしを音読しよう／ふきのとう 11／春がいっぱい 2／書くことをきめて，しらせよう／今週のニュース 5／じゅんじょに気をつけて読もう／たんぽぽのちえ 10	かん字のひろば① 3／ていねいにかんさつしてきろくしよう／かんさつ名人になろう 14	きいて たのしもう／いなばの白うさぎ 3／かたかなのひろば 3／だいじなことをおとさずに，話したり 聞いたりしよう／ともこさんは どこかな 5／同じぶぶんをもつかん字 4／お話をよんで，かんそうを書こう／スイミー 11／かん字のひろば② 3	くみ立てをかんがえて書き，知らせよう／こんな もの，見つけたよ，[コラム]丸，点，かぎ 9／うれしい ことば 2／本はともだち／お話クイズをしよう／すてきなぼうし[コラム]本の分けかた，ならべかた 8／かん字のひろば③ 3／夏がいっぱい 2	こえに出してたのしもう 2／おおきくなあれ／つたえたいことをはっぴょうしよう／大すきなもの，教えたい 6／カンジーはかせの大はつめい 2／ことばあそびをしよう 2／読んで考えたことを話そう 13／どうぶつ園のじゅうい
算数 175	ひょう・グラフと時計 7／わくわく算数学しゅう 1／ふくしゅう，じゅんび 1	たし算とひき算 6／長さ 10／ふくしゅう，じゅんび 1／たし算とひき算のひっ算(1) 11	かくれた数はいくつ 5／どんな計算になるのかな(1) 1／ふくしゅう，じゅんび 1／1000までの数 12	買えますか？買えませんか？ 1／ふえたり へったり 4／計算のじゅんじょ 3／夏休みの算数のじゆうけんきゅう 1／ふくしゅう，じゅんび 1	たし算とひき算のひっ算(2) 11／かさ 8
生活 105	なかよし いっぱい 大さくせん 6	大すき いっぱい わたしの まち　はる・なつ 15			
		ぐんぐん そだて 30（ ミニトマトの栽培 8　米の栽培(田植え，バケツ稲，かかし立て，稲刈り，脱穀，籾摺り，餅つき 22)			
音楽 70	うたで ともだちの わを ひろげよう 6／国歌「きみがよ」京都市市歌・校歌／メッセージ ロンドンばし／子犬のびんご かくれんぼ	はくの まとまりを かんじとろう 10／はしの上で トルコこうしんきょく／たぬきのたいこ かっこう／メヌエット	音の たかさのちがいを かんじとろう 9／かえるの音あそび／かえるのがっしょう／ドレミのうた／せんりつあそび		ひょうしをかんじて リズムを うとう 9／この空とぼう いるかはざんぶらんこ／山のポルカ おまつり音楽
図工 70	ひみつのたまご 4	にぎにぎねん土 2／はさみのアート 2／ひかりのプレゼント 2	楽しかったよ ドキドキしたよ 4／まんげきょうづくり 2	しゃくしゃ ぎゅっ 4／わっかでへんしん 4	見て 見て おはなし／放置自転車啓発ポスター 2
英語活動 10(+25)	いくつあるのかな？ 2		かたちをさがそう 2		どんなどうぶつかな？ 2
体育 105	ゆうぐで あそぼう 3／リレーあそび 6	スイミー 6／リズムあそび 6	体ほぐし 4／水あそび 12		ようぐあそび 3／パスゲーム(1) 6／マッ
道徳 35(各1/2)	つくえの中／あさのうた／るっぺ どうしたの	ぼくは2年生／おじさんの手紙／がんばれ，ゆうきくん	学校 大すき！／赤いボール／どうすればいいか／この町がすき	ごほうび／すべりだいの みはりばん	あきこさんのなつやすみ／大文字／よいと思うことはすすんで／ことばのまほう
読解 17	さしえの ひみつ はっけん！ 3		あつめて わけて 見つけたよ 2	くらべて えらんで せつ明しよう 3	本のひょうしをくらべよう 2
健康安全教育 11	けんこうしんだん／きゅうしょくのやくそく／がっこうのいきかえり ゆうぐのつかいかた	けがのぼうしと手あて／しょくじのマナー／じてんしゃののりかた(1)／じしんのとき	大せつなは（歯垢染出し）／たべものの しゅん／みちをわたるとき(1)	なつのけんこう（熱中症）／よくかんで食べよう／こうがいのあんぜん	きそく正しい生かつ（熱中症）／きゅうしょくとうばんのやくそく／ひなんくんれん
他学年				3年 読解科「まとめよう みんなの考え」	

112

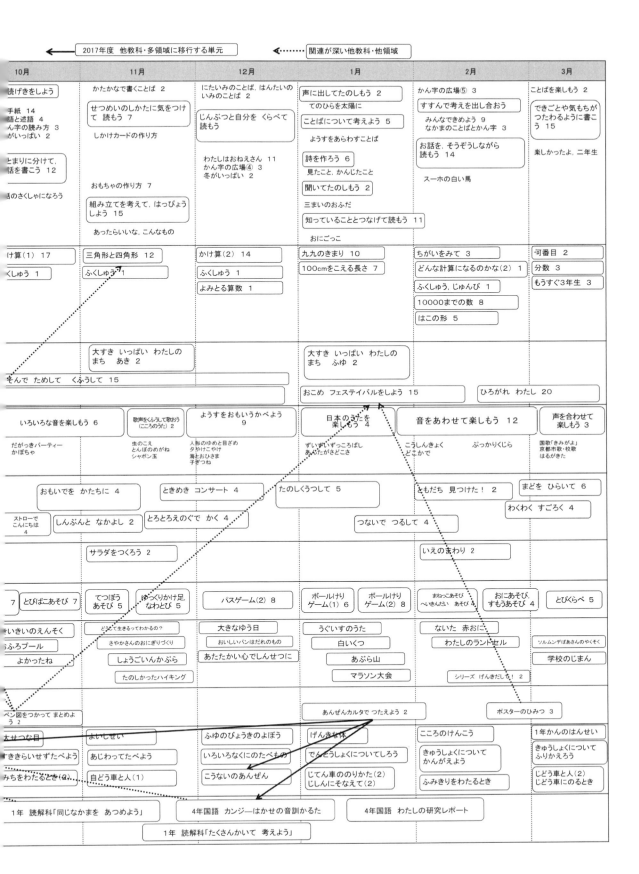

2017年度 他教科・多領域に移行する単元　　　関連が深い他教科・他領域

| 10月 | 11月 | 12月 | 1月 | 2月 | 3月 |

10月
読げきをしよう
手紙 14
語と述語 4
ん字の読み方 3
がいっぱい 2
とまりに分けて、
話を書こう 12
話のさくしゃになろう

11月
かたかなで書くことば 2
せつめいのしかたに気をつけて 読もう 7
しかけカードの作り方
おもちゃの作り方 7
組み立てを考えて、はっぴょうしよう 15
あったらいいな、こんなもの

12月
にたいみのことば、はんたいのいみのことば 2
じんぶつと自分を くらべて 読もう
わたしはおねえさん 11
かん字の広場④ 3
冬がいっぱい 2

1月
声に出してたのしもう 2
てのひらを太陽に
ことばについて考えよう 5
ようすをあらわすことば
詩を作ろう 6
見たこと、かんじたこと
聞いてたのしもう 2
三まいのおふだ
知っていることとつなげて読もう 11
おにごっこ

2月
かん字の広場⑤ 3
すすんで考えを出し合おう
みんなできめよう 9
なかまのことばとかん字 3
お話を、そうぞうしながら 読もう 14
スーホの白い馬

3月
ことばを楽しもう 2
できごとや気もちがつたわるように書こう 15
楽しかったよ、二年生

け算(1) 17
くしゅう 1

三角形と四角形 12
ふくしゅう 1

かけ算(2) 14
ふくしゅう 1
よみとる算数 1

九九のきまり 10
100cmをこえる長さ 7

ちがいをみて 3
どんな計算になるのかな(2) 1
ふくしゅう、じゅんび 1
10000までの数 8
はこの形 5

何番目 2
分数 3
もうすぐ3年生 3

大すき いっぱい わたしの まち あき 2

そんで ためして くふうして 15

大すき いっぱい わたしの まち ふゆ 2

おこめ フェステイバルをしよう 15

ひろがれ わたし 20

いろいろな音を楽しもう 6
だがっきパーティー
かぼちゃ

歌声をくふうして歌おう（こころのうた）2
虫のこえ
とんぼのめがね
シャボン玉

ようすをおもいうかべよう 9
人形のゆめと目ざめ
夕やけこやけ
海をおよぐ魚
子ぎつね

日本のうたを 楽しもう 4
ずいずいずっころばし
あんたがさどこさ

音をあわせて楽しもう 12
こうしんきょく　ぷっかりくじら
どこかで

声を合わせて 楽しもう 3
国歌「きみがよ」
京都市歌・校歌
はるがきた

おもいを かたちに 4
ストローで こんにちは 4

ときめき コンサート 4
しんぶんと なかよし 2

たのしくうつして 5
とろとろえのぐで かく 4

ともだち 見つけた！ 2
つないで つるして 4

まどを ひらいて 6
わくわく すごろく 4

サラダをつくろう 2

いえのまわり 2

とびばこあそび 7
てつぼうあそび 5
ゆっくりかけ足、なわとび 5

パスゲーム(2) 8

ボールけりゲーム(1) 6
ボールけりゲーム(2) 8

まねっこあそび へいきんたい あそび
おにあそび、すもうあそび 4

とびくらべ 5

きいきいのえんそく
ろふろプール
よかったね

どうして生きるってわかるの？
さやかさんのおにぎりづくり
しょうごいんかぶら
たのしかったハイキング

大きなゆう日
おいしいパンはだれのもの
あたたかい心でしんせつに

うぐいすのうた
白いくつ
あぶら山
マラソン大会

ないた 赤おに
わたしのランドセル
シリーズ げんきだしく！ 2

ソルムンデばあさんのやくそく
学校のじまん

ベン図をつかって まとめよう 2

あんぜんカルタで つたえよう 2

ポスターのひみつ 3

かせつな日
きききらいせずたべよう
みちをわたるとき(1)

まいしせい
あじわってたべよう
自どう車と人(1)

ふゆのびょうきのよぼう
いろいろなくにのたべもの
こうないのあんぜん

げんきな体
でんとうしょくについてしろう
じてん車ののりかた(2)
じしんにそなえて(2)

こころのけんこう
きゅうしょくについてかんがえよう
ふみきりをわたるとき

1年かんのはんせい
きゅうしょくについてふりかえろう
じどう車と人(2)
じどう車にのるとき

1年 読解科「同じなかまを あつめよう」

4年国語 カンジ―はかせの音訓かるた

4年国語 わたしの研究レポート

1年 読解科「たくさんかいて 考えよう」

第3学年　年間指導計画　読解科と各教科・領域との関連案（2016年度）

教科・領域/時間数	4月	5月	6月	7月	8・9月
国語 210	詩を楽しもう 1 どきん 場面のようすを思い浮かべ、音読しよう 16 きつつきの商売 国語辞典のつかい方 漢字の音と訓 春の楽しみ	話の中心に気をつけて聞き、しつもんをしたり、かんそうを言ったりしよう 5 よい聞き手になろう まとまりをとらえて読み、かんそうを話そう 10 言葉で遊ぼう こまを楽し 声に出して楽しもう 2	ざいりょうを集めて、ほうこくする文章を書こう 14 気になる記号 聞いて楽しもう 3	読んで、かんじたことを発表しよう 6 もうすぐ雨に 気持ちがつたわる手紙を書こう 5 本は友だち 5	詩を楽しもう 2 進行を考えながら話し合おう 16 つたえよう、楽しい学校生活 へんとつくり
社会 70	わたしたちのまち 25 学校の周りの様子 14		京都市のまちの様子 11		商店のはたら
算数 180	九九の表とかけ算 7	わり算 12 ふく習1、どんな計算になるのかな 1 算数じっけん室 1　わくわく算数学習 1	円と球 8 かくれた数はいくつ 3　ふく習 1	たし算とひき算の筆算 12　ふく習 1	一億までの数 10 買えますか？買えませんか 1	たし算とひき算 4 夏休みの算数の自由研究 1	時間と長さ 9　ふく習 1	あまりのあるわり算 8
理科 90	しぜんのかんさつをしよう 5 植物をそだてよう(1) 5	こん虫をそだてよう 12	植物をそだてよう(2) 3	じゅうけんきゅう 3 植物をそだてよう(3) 2	ゴムや風でものをうごかそう 8 動物のすみかをしらべ
音楽 60	明るい歌声をひびかせよう 12 国歌「君が代」、京都市歌校歌、友だち、ドレミで歌おう 春の小川、海風きって、せんりつづくり、茶つみ		リコーダーとなかよしになろう 10 小鳥のために、ステップ1・2・3、小さな花、とどけよう このゆめを きらきら星、坂道、雨上がり、かりかわりわたれ、そよ風		拍のながれにのってリズムをかんじとろう 6 ゆかいな木きん、手拍子でリズム、うさぎ
図工 60	いつもの場しょで 2 色・形 いいかんじ！ 2 これにえがいたら 2	切ってかき出しくっつけて 2 ふんわりふわふわ 3	うれしかったあの気もち 5	ゴムの力で 5	カラフルフレンド 3 切ってつないで大へんしん！ 2
体育 105	リレー 6 体ほぐしの運動 5	フォークダンス 3 ようぐあそび フレアスポーツ 6	水えい 12	リズムダンス 6 エンドボール 6	マ
道徳 35 (各1)	よいクラスに はげまし合う心 正しいことは勇気をもって	自分でできるっていいなあ 大切ないのち 自然を守る	物を大切にする心 社会のきまりを守って 役に立つ喜び 親切な心	文化や伝統に親しむ あきらめないで 大切な命	よく考えて節度ある生活を 正直に明るい心で
総合 70		高倉の身近な自然 25			
英語活動 20(+15)	Lesson 1-いろいろなあいさつ 1	L2-2, 3 いくつあるかな 2	L3-1, 2, 3 私の好きなもの 3	L4-1, 2, 3 私の持ち物 3	L5-1, 2, 3, 4 この動物なあに
読解 35	見通すことから始めよう 2　かんばんの役割って？ 2	どの本を使うのかな～図鑑・事典・辞典を比べよう～ 資料＋資料＋資料＝？ 3	マッピングを使って読み取ろう 2　アニマシオン 1	まとめよう自分たちの考え～KJ法を使って～ 2	まとめよう自分たちの考え～ざひょうじくを使って～ 3
健康安全教育 11	けんこうしんだん きゅうしょくのやくそく 学校の行き帰り 遊具の使い方	けがのぼうしと手あて しょくじのマナー 自転車の乗り方 1 地しんのとき	大切なは（歯垢染出し） たべものの名まえ 道をわたるとき 1	なつのけんこう（熱中症） よくかんでたべよう 校外のあんぜん	きそく正しい生かつ きゅうしょくとうばんのやくそく ひなん訓練
他学年		1年読解 かんばんってなあんだ			

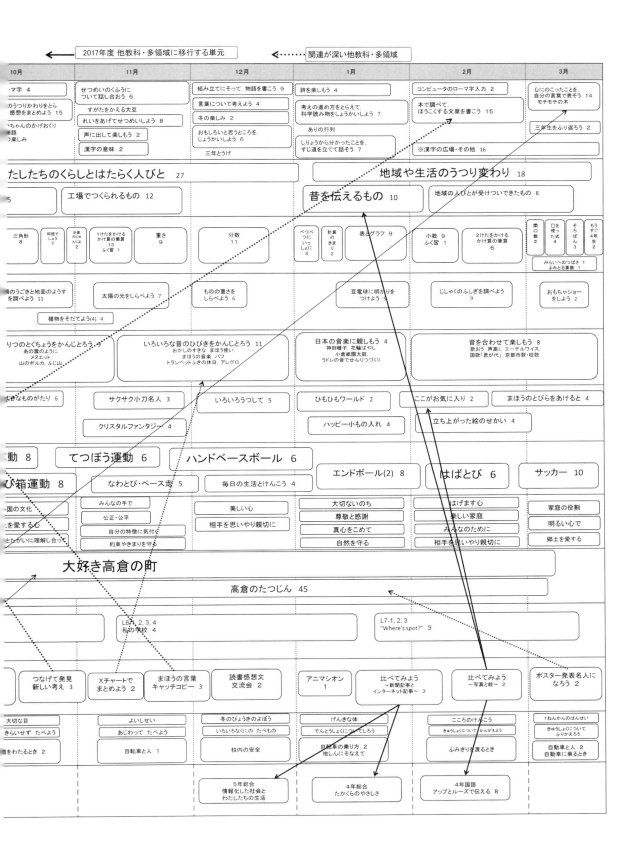

第4学年　年間指導計画　読解科と各教科・領域との関連案（2016年度）

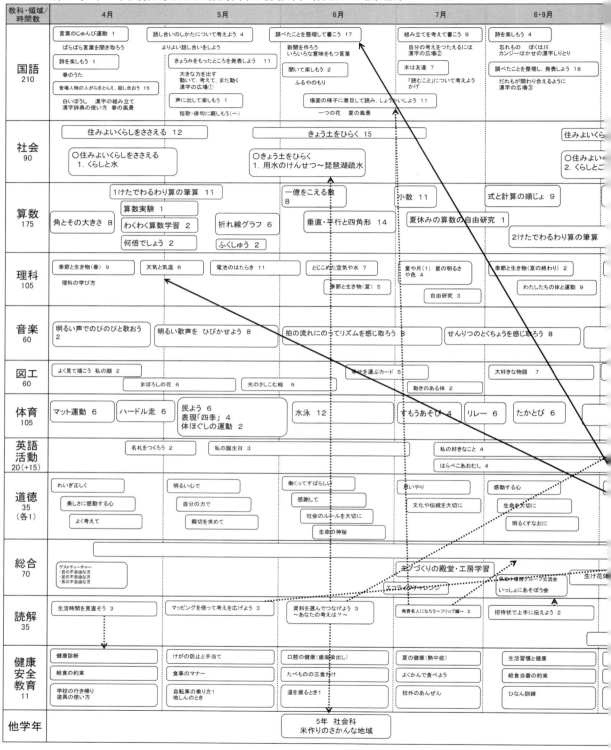

教科・領域/時間数	4月	5月	6月	7月	8・9月
国語 210	言葉のじゅんび運動 1 ぱらぱら言葉を聞き取ろう 詩を楽しもう 1 春のうた 登場人物の人がらをとらえ、話し合おう 15 白いぼうし 漢字辞典の使い方 春の風景	話し合いのしかたについて考えよう 4 よりよい話し合いをしよう きょうみをもったところを発表しよう 11 大きな力を出す 動いて、考えて、また動く 漢字の広場① 声に出して楽しもう 1 短歌・俳句に親しもう（一）	調べたことを整理して書こう 17 新聞を作ろう いろいろな意味をもつ言葉 聞いて楽しもう 2 ふるやのもり 場面の様子に着目して読み、しょうかいしよう 11 一つの花　夏の風景	組み立てを考えて書こう 9 自分の考えをつたえるには 漢字の広場② 本は友達 7 「読むこと」について考えよう かげ	詩を楽しもう 4 忘れもの　ぼくは川 カンジーはかせの漢字しりとり 調べたことを整理し、発表しよう 18 だれもが関わり合えるように 漢字の広場③
社会 90	住みよいくらしをささえる 12 〇住みよいくらしをささえる 1．くらしと水		きょう土をひらく 15 〇きょう土をひらく 1．用水のけんせつ～琵琶湖疏水		住みよいくら 〇住みよい 2．くらしとご
算数 175	1けたでわるわり算の筆算 11 算数実験 1 角とその大きさ 8　わくわく算数学習 2 何倍でしょう 2	一億をこえる数 8 折れ線グラフ 6 ふくしゅう 2	垂直・平行と四角形 14	小数 11 夏休みの算数の自由研究 1	式と計算の順じょ 9 2けたでわるわり算の筆算
理科 105	季節と生き物（春） 9 理科の学び方	天気と気温 6	電池のはたらき 11	とじこめた空気や水 7 季節と生き物（夏） 5	星や月（1）星の明るさや色 4 自由研究 3	季節と生き物（夏の終わり） 2 わたしたちの体と運動 9
音楽 60	明るい声でのびのびと歌おう 2	明るい歌声を ひびかせよう 8	拍の流れにのってリズムを感じ取ろう 8	せんりつのとくちょうを感じ取ろう 8	
図工 60	よく見て描こう 私の顔 2 まぼろしの花 6	光のさしこむ絵 6	事がらを運ぶカード 5 動きのある体 2		大好きな物語 7
体育 105	マット運動 6	ハードル走 6 民よう 6 表現「四季」 4 体ほぐしの運動 2	水泳 12	すもうあそび 4　リレー 6　たかとび 6	
英語活動 20(+15)	名札をつくろう 2	私の誕生日 3		私の好きなこと 4 はらぺこあおむし 4	
道徳 35（各1）	れいぎ正しく 美しさに感動する心 よく考えて	明るい心で 自分の力で 親切を求めて	働くってすばらしい 感謝して 社会のルールを大切に 生命の神秘	思いやり 文化や伝統を大切に	感動する心 生命を大切に 明るくすなおに
総合 70	ゲストティーチャー ・目の不自由な方 ・足の不自由な方 ・耳の不自由な方		エコライフチャレンジ	モノづくりの殿堂・工房学習	保育と健康グループ交流会 いっしょにあそぼう会	生け花体
読解 35	生活時間を見直そう 3	マッピングを使って考えを広げよう 3	資料を選んでつなげよう 3 ～あなたの考えは？～	発表名人になろう～フリップ編～ 2	招待状で上手に伝えよう 2
健康安全教育 11	健康診断 給食の約束 学校の行き帰り 遊具の使い方	けがの防止と手当て 食事のマナー 自転車の乗り方1 地しんのとき	口腔の健康（歯垢染出し） たべものの三食分け 道を渡るとき1	夏の健康（熱中症） よくかんで食べよう 校外のあんぜん	生活習慣と健康 給食当番の約束 ひなん訓練
他学年			5年 社会科 米作りのさかんな地域		

116

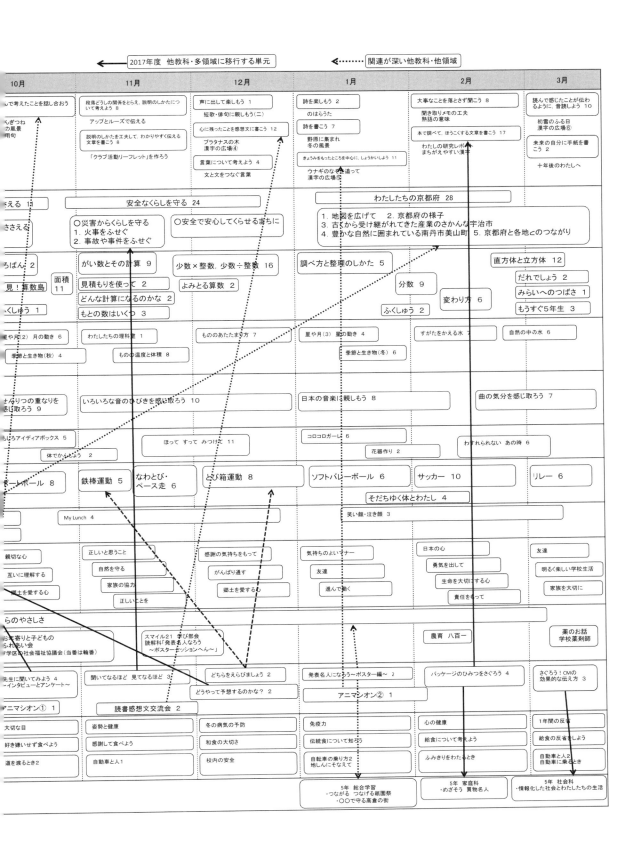

第5学年　年間指導計画　読解科と各教科・領域との関連案（2016年度）

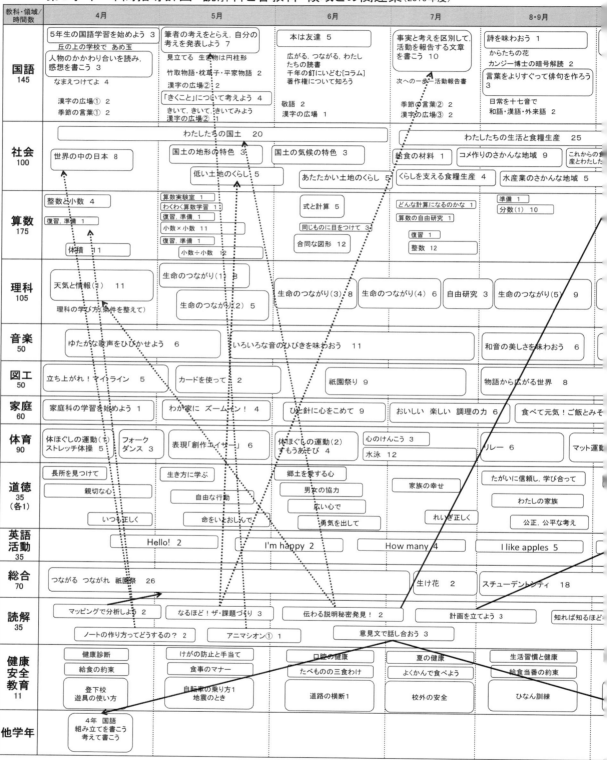

教科・領域/時間数	4月	5月	6月	7月	8・9月
国語 145	5年生の国語学習を始めよう 3 / 丘の上の学校で　あめ玉 / 人物のかかわり合いを読み，感想を書こう 3 / なまえつけてよ 4 / 漢字の広場① 2 / 季節の言葉① 2	筆者の考えをとらえ，自分の考えを発表しよう 7 / 見立てる　生き物は円柱形 / 竹取物語・枕草子・平家物語 2 / 漢字の広場② 2 / 「きくこと」について考えよう 4 / きいて，きいて，きいてみよう / 漢字の広場②1	本は友達 5 / 広がる，つながる，わたしたちの読書 / 千年の釘にいどむ[コラム] / 著作権について知ろう / 敬語 2 / 漢字の広場 1	事実と考えを区別して，活動を報告する文章を書こう 10 / 次への一歩・活動報告書 / 季節の言葉② 2 / 漢字の広場③ 2	詩を味わおう 1 / からたちの花 / カンジー博士の暗号解読 2 / 言葉をよりすぐって俳句を作ろう 3 / 日常を十七音で / 和語・漢語・外来語 2
社会 100	わたしたちの国土 20 / 世界の中の日本 8	国土の地形の特色 3 / 低い土地のくらし 5	国土の気候の特色 3 / あたたかい土地のくらし 5	わたしたちの生活と食糧生産 25 / 給食の材料 1 / くらしを支える食糧生産 4	コメ作りのさかんな地域 9 / 水産業のさかんな地域 5 / これからの食産とわたした
算数 175	整数と小数 4 / 復習，準備 1 / 体積 11	算数実験室 1 / わくわく算数学習 1 / 復習，準備 1 / 小数×小数 11 / 復習，準備 1 / 小数÷小数 12	式と計算 5 / 同じものに目をつけて 3 / 合同な図形 12	どんな計算になるのかな 1 / 算数の自由研究 1 / 復習 1 / 整数 12	準備 1 / 分数(1) 10
理科 105	天気と情報(1) 11 / 理科の学び方(条件を整えて)	生命のつながり(1) 3 / 生命のつながり(2) 5	生命のつながり(3) 8	生命のつながり(4) 6 / 自由研究 3	生命のつながり(5) 9
音楽 50	ゆたかな歌声をひびかせよう 6	いろいろな音のひびきを味わおう 11		和音の美しさを味わおう 6	
図工 50	立ち上がれ！マイライン 5	カードを使って 2	祇園祭り 9	物語から広がる世界 8	
家庭 60	家庭科の学習を始めよう 1	わが家に　ズームイン！ 4	ひと針に心をこめて 9	おいしい　楽しい　調理の力 6	食べて元気！ご飯とみそ
体育 90	体ほぐしの運動(1) ストレッチ体操 5 / フォークダンス 3	表現「創作エイサー」 6	体ほぐしの運動(2) すもうあそび 4 / 心のけんこう 3 / 水泳 12	リレー 6	マット運動
道徳 35 (各1)	長所を見つけて / 親切な心 / いつも正しく	生き方に学ぶ / 自由な行動 / 命をいとおしんで	郷土を愛する心 / 男女の協力 / 広い心で / 勇気を出して	家族の幸せ / れいぎ正しく	たがいに信頼し，学び合って / わたしの家族 / 公正，公平な考え
英語活動 35	Hello! 2	I'm happy 2	How many 4	I like apples 5	
総合 70	つながる　つながれ　祇園祭 26			生け花 2	スチューデントシティ 18
読解 35	マッピングで分析しよう 2 / ノートの作り方ってどうするの？ 2	なるほど！ザ・課題づくり 3 / アニマシオン① 1	伝わる説明秘密発見！ 2 / 意見文で話し合おう 3	計画を立てよう 3	知れば知るほど
健康安全教育 11	健康診断 / 給食の約束 / 登下校　遊具の使い方	けがの防止と手当て / 食事のマナー / 自転車の乗り方1　地震のとき	口腔の健康 / たべものの三食わけ / 道路の横断1	夏の健康 / よくかんで食べよう / 校外の安全	生活習慣と健康 / 給食当番の約束 / ひなん訓練
他学年	4年　国語　組み立てを書こう　考えて書こう				

118

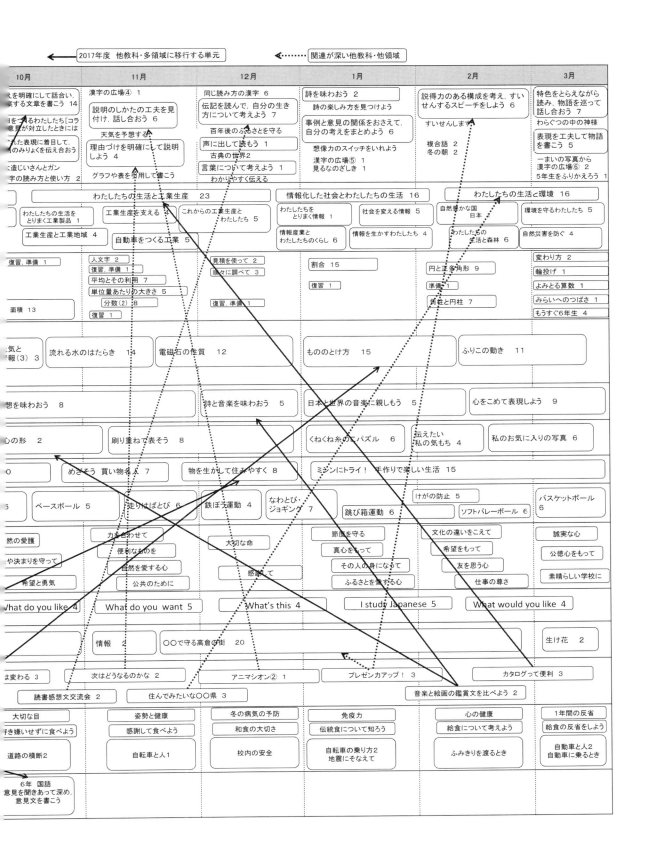

	10月	11月	12月	1月	2月	3月

…を明確にして話合い、　探する文章を書こう 14

漢字の広場④ 1
説明のしかたの工夫を見付け、話し合おう 6
天気を予想する
理由づけを明確にして説明しよう 4
グラフや表を活用して書こう

同じ読み方の漢字 6
伝記を読んで、自分の生き方について考えよう 7
百年後のふるさとを守る
声に出して読もう 1
古典の世界2
言葉について考えよう 1
わかりやすく伝える

詩を味わおう 2
詩の楽しみ方を見つけよう
事例と意見の関係をおさえて、自分の考えをまとめよう 6
想像力のスイッチをいれよう
漢字の広場⑤ 1
見るなのざしき 1

説得力のある構成を考え、すいせんするスピーチをしよう 6
すいせんします
複合語 2
冬の朝 2

特色をとらえながら読み、物語を巡って話し合おう 7
わらぐつの中の神様
表現を工夫して物語を書こう 5
一まいの写真から
漢字の広場⑥ 2
5年生をふりかえろう 1

わたしたちの生活と工業生産 23
わたしたちの生活をとりまく工業製品 1
工業生産を支える
これからの工業生産とわたしたち 5
工業生産と工業地域 4
自動車をつくる工業 5

情報化した社会とわたしたちの生活 16
わたしたちと情報 1
社会を変える情報 5
情報産業とわたしたちのくらし 6
情報を生かすわたしたち 4

わたしたちの生活と環境 16
自然豊かな国日本
わたしたちの生活と森林 6
環境を守るわたしたち 5
自然災害を防ぐ 4

復習、準備 1
面積 13

人文字 2
復習、準備 1
平均とその利用 7
単位量あたりの大きさ 5
分数(2) 8
復習 1

見積を使って 2
順々に調べて 3
復習、準備 1

割合 15
復習 1

円と正多角形 9
準備 1
角柱と円柱 7

変わり方 2
輪投げ 1
よみとる算数 1
みらいへのつばさ 1
もうすぐ6年生 4

気と　報(3) 3

流れる水のはたらき 14
電磁石の性質 12
もののとけ方 15
ふりこの動き 11

…想を味わおう 8

詩と音楽を味わおう 5
日本と世界の音楽に親しもう 5
心をこめて表現しよう 9

…心の形 2

刷り重ねて表そう 8
くねくね糸のこパズル 6
伝えたい 私の気もち 4
私のお気に入りの写真 6

めざそう 買い物名人 7
物を生かして住みやすく 8
ミシンにトライ！ 手作りで楽しい生活 15

ベースボール 5
走りはばとび 6
鉄ぼう運動 4
なわとび・ジョギング 7
跳び箱運動 6
けがの防止 5
ソフトバレーボール 6
バスケットボール 6

…然の愛護
…決まりを守って
希望と勇気

力を合わせて
便利なものを
自然を愛する心
公共のために

大切な命
感謝して

節度を守る
真心をもって
その人の身になって
ふるさとを愛する心

文化の違いをこえて
希望をもって
友を思う心
仕事の尊さ

誠実な心
公徳心をもって
素晴らしい学校に

What do you like 4
What do you want 5
What's this 4
I study Japanese 5
What would you like 4

情報 2
○○で守る高倉の街 20
生け花 2

…は変わる 3
次はどうなるのかな 2
アニマシオン② 1
プレゼン力アップ！ 3
カタログって便利 3
読書感想文交流会 2
住んでみたいな○○県 3
音楽と絵画の鑑賞文を比べよう 2

大切な目
好き嫌いせずに食べよう

姿勢と健康
感謝して食べよう

冬の病気の予防
和食の大切さ

免疫力
伝統食について知ろう

心の健康
給食について考えよう

1年間の反省
給食の反省をしよう

道路の横断2

自転車と人1
校内の安全
自転車の乗り方2 地震にそなえて
ふみきりを渡るとき
自動車と人2 自動車に乗るとき

6年 国語
意見を聞きあって深め、意見文を書こう

第6学年　年間指導計画　読解科と各教科・領域との関連案（2016年度）

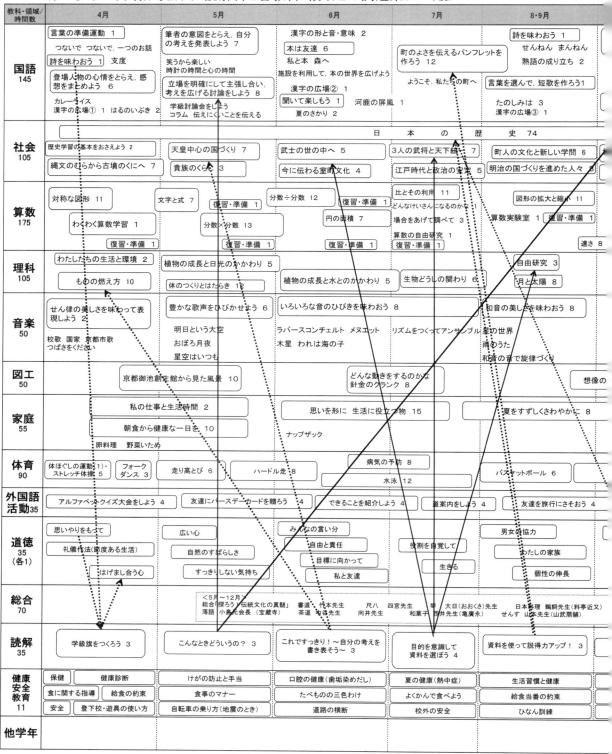

教科・領域／時間数	4月	5月	6月	7月	8・9月
国語 145	言葉の準備運動 1／つないで つないで, 一つのお話／詩を味わおう 1　支度／登場人物の心情をとらえ, 感想をまとめよう 6／カレーライス／漢字の広場① 1　はるのいぶき 2	筆者の意図をとらえ, 自分の考えを発表しよう 7／笑うから楽しい　時計の時間と心の時間／立場を明確にして主張し合い, 考えを広げる討論をしよう 8／学級討論会をしよう　コラム　伝えにくいことを伝える	漢字の形と音・意味 2／本は友達 6／私と本　森へ／施設を利用して, 本の世界を広げよう／漢字の広場② 1／聞いて楽しもう 1　河鹿の屏風 1／夏のさかり 2	町のよさを伝えるパンフレットを作ろう 12／ようこそ, 私たちの町へ	詩を味わおう 1／せんねん まんねん／熟語の成り立ち 2／言葉を選んで, 短歌を作ろう 1／たのしみは 3／漢字の広場③ 1
社会 105	歴史学習の基本をおさえよう 2／縄文のむらから古墳のくにへ 7	天皇中心の国づくり 7／貴族のくらし 3	武士の世の中へ 5／今に伝わる室町文化 4	3人の武将と天下統一 7／江戸時代と政治の安定 5	町人の文化と新しい学問 6／明治の国づくりを進めた人々 8
			日　本　の　歴　史　74		
算数 175	対称な図形 11／わくわく算数学習 1／復習・準備 1	文字と式 7／復習・準備 1／分数×分数 13／復習・準備 1	分数÷分数 12／復習・準備 1／円の面積 7／復習・準備 1	比とその利用 11／どんなけいさんになるのかな 1／場合をあげて調べて 3／算数の自由研究 1／復習・準備 1	図形の拡大と縮小 11／算数実験室 1　復習・準備 1／速さ 8
理科 105	わたしたちの生活と環境 2／ものの燃え方 10	植物の成長と日光のかかわり 5／体のつくりとはたらき 12	植物の成長と水とのかかわり 5	生物どうしの関わり 6	自由研究 3／月と太陽 8
音楽 50	せん律の美しさを味わって表現しよう 2／校歌 国家 京都市歌 つばさをください	豊かな歌声をひびかせよう 6／明日という大空 おぼろ月夜 星空はいつも	いろいろな音のひびきを味わおう 8／ラバースコンチェルト メヌエット 木星 われは海の子	リズムをつくってアンサンブル 星の世界	和音の美しさを味わおう 8／雨のうた／和音の音で旋律づくり
図工 50		京都御池創生館から見た風景 10	どんな動きをするのかな 針金のクランク 8		想像の
家庭 55		私の仕事と生活時間 2／朝食から健康な一日 10／卵料理 野菜いため	思いを形に 生活に役立つ物 15／ナップザック		夏をすずしくさわやかに 8
体育 90	体ほぐしの運動(1)・ストレッチ体操 5／フォークダンス 3	走り高とび 6／ハードル走 8	病気の予防 8／水泳 12		バスケットボール 6
外国語活動 35	アルファベットクイズ大会をしよう 4	友達にバースデーカードを贈ろう 4	できることを紹介しよう 4	道案内をしよう 4	友達を旅行にさそおう 4
道徳 35（各1）	思いやりをもって／礼儀作法(節度ある生活)／はげまし合う心	広い心／自然のすばらしさ／すっきりしない気持ち	みんなの言い分／自由と責任／目標に向かって／私と友達	役割を自覚して／生きる	男女の協力／わたしの家族／個性の伸長
総合 70		＜5月～12月＞ 総合「探ろう!伝統文化の真髄」　書道 竹本先生　尺八 四宮先生　琴 大日(おおくさ)先生　日本料理 鵜飼先生(料亭近又)　落語 小島元会長(宝蔵寺)　茶道 田村先生　向井先生　和菓子 西井先生(亀廣永)　せんす 山武先生(山武扇舗)			
読解 35	学級旗をつくろう 3	こんなときどういうの? 3	これですっきり!～自分の考えを書き表そう～ 3	目的を意識して資料を選ぼう 4	資料を使って説得力アップ! 3
健康安全教育 11	保健　健康診断／食に関する指導　給食の約束／安全　登下校・遊具の使い方	けがの防止と手当／食事のマナー／自転車の乗り方(地震のとき)	口腔の健康(歯垢染めだし)／たべものの三色わけ／道路の横断	夏の健康(熱中症)／よくかんで食べよう／校外の安全	生活習慣と健康／給食当番の約束／ひなん訓練
他学年					

2017年度 他教科・多領域に移行 ←━━━   **関連が深い他教科・他領域** ←┈┈┈┈

10月	11月	12月	1月	2月	3月
聞きあって考えを意見文を書こう 11	秋の深まり 2 筆者のものの見方をとらえ，自分の考えをまとめよう 6	伝統文化を楽しもう 6 伝えられてきたもの 狂言・柿山伏「柿山伏について」	詩を味わおう 1　未知へ 筆者の考えをとらえ，自分の考えと比べて書こう 6	カンジー博士の山登り 2 春を待つ冬 2	卒業するみなさんへ 5 中学校へつなげよう 生きる
…かよりよくあるために… …の広場④ 1 …の中の言葉 2 …で感じたことを， …で表現しよう 9 …なし	「鳥獣戯画」を読む 読み取ったことや感じたことを表現しよう 6 この絵，私はこう見る 漢字を正しく使えるように 2	日本で使う文字 2 漢字の広場⑤ 1 表現を選ぶ 3 天地の文 1	自然に学ぶくらし 漢字の広場⑥ 1 随筆を書こう 7 忘れられない言葉	登場人物の関係をとらえ，人物の生き方について話し合おう 6 海の命 話し方を工夫し，資料を示してスピーチをしよう 6（今，わたしは，ぼくは）	生き物はつながりの中にかなえられた願い 日本人になること
歩み出した日本 7 …いた戦争と人々のくらし 7	新しい日本，平和な日本へ 6	わたしたちの生活と政治 17 まちでくらす人たち 1 子育て支援の願いを実現する政治 7	国の政治とくらし 3 わたしたちのくらしと日本国憲法 6	世界の中の日本 14 人類共通の願い 5 日本とつながりの深い国々 5.5	世界の未来と日本の役割 8
比例と反比例 17 …わり方を調べて(1) 3	復習・準備 1 立体の体積 5 およその形と大きさ 3 復習・準備 1	資料の調べ方 8 変わり方を調べて(2) 3 場合を順序よく整理して 10 見積もりを使って 2 みらいへのつばさ	量の単位 6 割合を使って 4 よみとる算数 1 復習・準備 1	6年のまとめ 15（算数パスポート） ★算数卒業研究 ★発見！算数島	
…よう液の性質 14	土地のつくりと変化 15		てこのはたらき 11	電気の性質とその利用 8	生物と地球環境 6
曲想を味わおう 6 …い空の下で …ンガリー舞曲第5番	風をきって	詩と音楽を味わおう 7 思い出のメロディー 滝廉太郎の歌曲 （花/箱根八里） ふるさと	日本と世界の音楽に親しもう 4 越天楽今様 雅楽「越天楽」から 楽器による世界の国々の音楽	心をこめて表現しよう 9 そっと届ける そよ風のデュエット さよなら友よ	あおげばとうとし 国歌「君が代」 京都市歌・校歌
…ばさを広げて 10	オルゴールを作ろう 10		板から何が 10		作品バック 2
	まかせてね 今日の食事 10		冬を明るく暖かく 6	あなたは家庭や地域の宝物 4	
…動会練習 8	体ほぐしの運動(2)・ぼうひき・つな引き 4｜なわとび・ジョギング 5	サッカー 7	跳び箱運動 6	マット運動 6｜ソフトバレーボール 6	
自分の一日を紹介しよう 5	オリジナルの劇を作ろう 6		「夢宣言」をしよう 4		
…記り	公正，公平に 自然のつながり 志に向かって よい校風に	くじけないで 相手の立場に立って	助け合って生きる 夢に向かって 日本の心 自然との共生	大切ないのち 自分の長所 友を思う心 隣の国の人々と	真理を求めて 感謝する心 差別に立ち向かって
…郷土を守る …よい校風に …調実な生き方					
…り　高山先生 …料理　小笹先生（三木半旅館） …都めぐりを計画しよう 4	<1月・2月> 生け花 池坊華道会 考えを深めよう 広げよう 3	<12月> 卒業証書・紙すき 広がる 広げる わたしの見方・考え方 3	行ってみたいな 世界のあの国 3	メディアの効果の不思議を探ろう 3	主張の達人 3
大切な目 好き嫌いせず食べよう 道路の横断	姿勢と健康 感謝して食べよう 自動車と人(1)	冬の病気の予防 和食の大切さ 校内の安全	免疫力 伝統食について知ろう 自転車の乗り方（地震にそなえて）	心の健康 給食について考えよう ふみきりを渡るとき	1年間の反省 給食の反省をしよう 自動車と人(2)（自動車に乗るとき）

4年　国語
段落どうしの関係をとらえ，説明のしかたについて考えよう 8

5年　社会
情報化した社会とわたしたちの生活 16

5年　国語
事例と意見の関係をおさえて，自分の考えをまとめよう 6

おわりに

　今回，京都大学大学院教育学研究科教育方法研究室と高倉小学校との合同執筆のお話をいただき，大変感銘を受けると同時に，このタイミングに高倉小学校校長として在任させていただけたことに言いようのない心が躍るような思いと感謝の念がこみあげてきた。これまで，歴代校長のもと，高倉小学校の校内研究に関わってきてくださったその足跡を本書につづることで十分に表すことができたかどうか，その責任の重さも感じている。

　共同研究が始まった2003（平成15）年から10年以上の時の流れに，社会も教育界も大きな変容を乗り越えてきた。その中で不易と流行をうまく取り入れながら，その時代のニーズにあった，本校の児童や学校の課題にあった研究がなされて成果をあげてきたのではないかと思っている。そこには，京都大学大学院教育学研究科教育方法研究室との共同研究の強い絆があったからこそ，つねに先進的であり，軸をぶらさない教育方法を追究する研究スタイルが貫かれてきたのではないだろうか。

　共同研究をスタートさせた頃に関わっていただいた先生方は今や日本の教育界をリードする研究者として活躍されている。そして，この高倉小学校で育った教員もまた，京都の教育を牽引するすばらしい教育者として全市で活躍している者も多い。

　今でこそ，大学との連携を図りながら，校内研究を進めている学校も増えてはきたが，研究室の院生にもフィードバックしてもらいながら，研究室との共同研究がこれだけの期間にわたって，進められている学校は他に類をみない。研究の成果は，子ども・教員・大学院生それぞれに還元されて実りあるものとなってきた。このことこそ，新学習指導要領で言われている社会に開かれた教育課程の創造の方向とも一致しているのではないだろうか。高倉教育の大きな特色であり，強味である。このことは，今後もぜひとも継続させ，取り組みを充実発展させていきたいと考えている。

　この本を上梓するにあたって，個人的にも大変感慨深い思いをもってお引き受けすることになった。私事で申し訳ないが，高倉小学校と京都大学大学院教育学研究科教育方法研究室との連携がすでに始まっていた当時から，私はそのような環境が整っている学校での研究体制を大変うらやましく思っていた。実は，田中耕治先生はじめ，教育方法研究室の方々とは，すでに内地留学や研究フォーラムを通して出会っており，いつか自分が管理職になれば，どこかの学校で，共同研究をと密かに思っていたからである。それが2014（平成26）年4月にまさか思ってもみなかった高倉小学校の校長として着任することとなり，その夢を果たすことができたのである。そして，田中耕治先生の京都大学退官のお祝いの節目にこのような図書を一緒につくる機会を与えていただいたことの，ご縁の深さに感謝の気持ちでいっぱいである。

　念ずれば花ひらく，思いは叶うとはまさにこのことである。そして，この節目に一緒に同人とし

て取り組みを重ねてきた教職員全員には，高倉小学校で過ごした時間，研究に没頭した時間を忘れずに自分の教職人生の中でぜひ生かしてほしいと願っている。また，京都大学の院生の皆さんにも，この共同研究の経験を生かして，専門的な見地と現場での教育実践をつねに結びつけながら，新しい知見を未来につないで，素晴らしい研究者となって羽ばたいてほしいと願っている。

　最後に本書は，長年，田中耕治先生が愛情を注いで育ててこられた研究室の風土があってこそ実現した企画であることも申し添えておきたい。

2017 年 11 月吉日
京都市立高倉小学校 第 6 代校長

岸 田 蘭 子

監修者・執筆者一覧

【監修者】

田中耕治　佛教大学教育学部教授・京都大学名誉教授
岸田蘭子　京都府京都市立高倉小学校校長

【執筆者】
●京都府京都市立高倉小学校研究同人

副 教 頭	八木悠介	研究主任	内藤岳士
教 諭	井関隆史	教 諭	上田愛弓
常勤講師	浦家健太	教 諭	片山侑美 (2017年3月転出)
教 諭	久保田和明	教 諭	兒玉由希子 (2017年3月転出)
教 諭	榊原 拡	教 諭	嶋田 宰 (2017年3月転出)
教 諭	谷井勇介	教 諭	西原志帆
教 諭	三代路子	教 諭	向井文子
教 諭	吉川武彰		

●京都大学大学院教育学研究科教育方法研究室

西岡加名恵	京都大学大学院教育学研究科教授
石井英真	京都大学大学院教育学研究科准教授
大貫 守	京都大学大学院教育学研究科　日本学術振興会特別研究員
次橋秀樹	京都大学大学院教育学研究科
徳島祐彌	京都大学大学院教育学研究科　日本学術振興会特別研究員
中西修一朗	京都大学大学院教育学研究科　日本学術振興会特別研究員
福嶋祐貴	京都大学大学院教育学研究科　日本学術振興会特別研究員
本宮裕示郎	University College London, Institute of Education, MPhil/PhD student

（2017年11月現在）

【監修者紹介】

田中耕治（たなか こうじ）

佛教大学教育学部教授・京都大学名誉教授。専門は教育方法学・教育
評価論。著書に『教育評価』（岩波書店），『グローバル化時代の教育評
価改革』（編著，日本標準），『戦後日本教育方法論史』上・下（編著，
ミネルヴァ書房），『教育評価研究の回顧と展望』（日本標準）など

岸田蘭子（きしだ らんこ）

京都府京都市立高倉小学校校長。第6代校長として，読解科やパフォーマ
ンス評価に取り組む。著書に『教師の資質・能力を高める！ アクティ
ブ・ラーニングを超えていく「研究する」教師へ』（共著，日本標準），『1
年生ではもう遅い』（PHP 研究所，2017 年 12 月刊行予定）など

資質・能力を育てるカリキュラム・マネジメント
読解力を基盤とする教科の学習とパフォーマンス評価の実践

2017 年 12 月 25 日　第 1 刷発行

監修者　田中耕治　岸田蘭子
著　者　京都市立高倉小学校研究同人・
　　　　京都大学大学院教育学研究科教育方法研究室
発行者　伊藤 潔
発行所　株式会社 日本標準

〒 167-0052　東京都杉並区南荻窪 3-31-18
電話　03-3334-2630［編集］　　03-3334-2620［営業］
http://www.nipponhyojun.co.jp/
印刷・製本　株式会社 リーブルテック